無重力養生太極

鬆柔新生活

從生理、心理到心靈的徹底活化

吳美玲 著

推薦序 一

習武運動，21世紀人類最值得推廣的普世價值

吳清基 教授
臺灣教育大學系統總校長
中國青年救國團理事長
中華民國孔孟學會理事長
中華祖父母關懷協會理事長
前教育部長、國策顧問

武術是一門功夫，也是一種修練，更是中華文化之精髓傳承，一向為人所關心和重視。記得在臺北市政府擔任教育局長時，認識了這位以生命奉獻於武術的吳美玲理事長，當時，她是臺北市武術協會的領航人，對臺北市武術運動推展，非常熱心。

後來我擔任臺北市政府副市長，看到武術運動進入校園推展還不是很成熟，認為學校體育與社會體育確實有必要進一步加強媒合，就拜託熱心推動校園武術的吳美玲理事長到市府來指導教育局同仁，和一些社團、校隊、體育班等有關推動武術的相關事宜。

這些年吳美玲理事長一直很努力將老祖宗留給後代子孫最有文化的運動——武術，推廣到校園，讓莘莘學子有健康的體魄，得以支撐漫長的求學生涯；更擴大至社會各階層，及各特殊學生，使國人身心健康可以得到更全面的關照。

熱愛武術的吳美玲理事長，自己因為從小身體纖弱，練了武術讓自己健康後，也將這麼好的運動分享給各年齡層的大眾，讓全民都能健康快樂生活。這些年來，吳美玲理事長除了繼續教授武術，還協助臺北市政府教育局編纂出版武術教練教材教法共三冊，武術裁判技術與規則一冊，提供武術教練完整的教學教材，以及武術競賽裁判的評分準則，給予習武的學子一個完整的習武園地。

前些年也為特殊兒童開創一個練武的機會，編寫《兒童資優拳——玩出專注力》，由廣毅文化出版，很暢銷，讓家長不再是虎媽狼爸，而能創造親子和諧的家庭生活關係。

吳美玲理事長，從楊氏太極拳，走入六合門大開大合的長拳世界，在年輕的歲月裡遊走於跑跳蹦的長拳；在年紀稍長時，領悟到養生太極氣功的奧妙，無論長拳、刀、劍或是太極拳，她都能教。

好學的她，更走訪兩岸及國內外有名的大師高人，請益鑽研人體經絡與氣的對應關係。除了將這些人體經絡與氣的對應，實際授予企業主之外，還傳授給她課堂上的大學生們。今得知吳理事長要將太極養生一些親身經歷心得彙整成書，不久將付梓問世，這肯定會是一本洛陽紙貴的好書，值得期待。

《無重力養生 太極鬆柔新生活——從生理、心理到心靈的徹底活化》，是一本六合太極養生功法推廣教材，介紹

六合太極養生功法之基本拳理，教導主要身體姿態、基本動作和基本技法，有助練拳者身心健康，可延年益壽。另太極與生活篇，除吳美玲理事長現身說法，談她六合太極學習心路歷程外，也邀請美少芩SPA品牌創辦人蘇宇羚介紹「太極能量順氣SPA」；請李雪辣嬌川味食府創辦人李雪介紹「花椒養生餐」；請牧牧沙拉創辦人蔡清淵介紹「太極養生餐」，相信各主題之內容，均可以助人調氣養生，有益生命活力健康倍增。

世上沒什麼能比生命更為重要的，有人說健康是1，財富、學問、地位、事業均為0，沒有健康1，其他的0都是不存在的。更有人常提醒我們，「活動、活動，要活就要動」，的確「健康是可以儲蓄的」，有運動的人，健康的紅利就會更多，可見習武運動有益健康，這將是21世紀人類最值得推廣的普世價值。

謝謝中華武術發展研究協會吳美玲理事長不藏私，將一生奉行之養生強身之太極生活秘笈公諸於世，分享有緣人，相信大家拜讀練習之後，都能健康強身、生活幸福美滿。

推薦序 二

六合太極養生功法——身心靈全方位觀照的一套秘笈

陳淑滿 院長
世新大學人文社會學院

吳美玲女士身為中華武術研究發展協會的理事長，是一位於推廣武術運動事必躬親的智者，她所撰寫的這本《無重力養生 太極鬆柔新生活》，可以說是美麗與智慧的結合。認識理事長是在十年前某一天的清晨，於臺北市國父紀念館正館前，一群男女老少正在練習太極拳，其中的指導者就是吳理事長。當時本人擔任體育委員會「打造運動島」的訪視委員，在清晨六點加入一群人跟隨著理事長打太極拳。

理事長常年投入國術及武術運動的推展不遺餘力。爾後，我在不同場合看到理事長，發現她原來是一位仗義執言、見義勇為，堪稱現代俠女的大人物，因為舉凡武術運動的推展，從不同的年齡層、各行各業，甚至涵蓋競賽、休閒到養身的各層面，理事長都能夠運籌帷幄，展現出她對武術運動的毅力及恆心。

102學年度，因緣際會邀請到理事長前來世新大學擔任太極拳任課教師，在此也特別感謝理事長願意進入大學校園

授課，當時上課時段為早上八點，居然仍頗獲學生好評。對於大多數大學生而言，早八是惡夢，不過理事長的課卻是額滿，可見她的課程相當具有吸引力。

在課程中，我發現理事長會在上課前循循善誘，不厭其煩的將自身的生活經驗與學生分享，使學生在課程中彷彿獲得一場身心靈的饗宴。武術運動本就不會受到場地、對手、天候等因素的影響，再結合了老師耐心的諄諄教誨，我發現很多同學都樂意追隨老師的腳步，繼續修習這門課。

太極拳的效益除了延年益壽外，還包含養顏美容，在理事長身上就是一個最好的實證範例，她總是能保持良好的體型，並且充滿活力與正能量。我所熟識的理事長對於研究傾盡全力、充滿熱忱，在這一本書中她從過去到現在，從拳理、基本技法到基礎養生功法的實際應用，深入淺出引領讀者進入無重力養身的太極形而上領域。另外，在「太極與生活」〈無悔的太極人生〉一文中也可以看見理事長精彩的人生轉折，了解她在推廣武術的道路上如何化危機為轉機。在「桃李篇」中更可以發現許多追隨理事長的武術愛好者散佈在各行各業中，與武術結緣後對他們所造成的影響又是如何。經由演練太極拳，如何讓內心得以沉浸於一種放鬆與安靜的狀態中，由身歷其境者來經驗分享更具有說服力。

最後，這本書是身心靈全方位觀照的一套秘笈，藉由理事長的親身體驗，必然可以帶給讀者們全新的身心靈饗宴。很高興可以認識理事長，並樂為之序。

推薦序 三

用生命推展武術的俠女

廖進安 博士
新北市體育處前處長

她是能量場
她是守護者
她是心靈導師

記得，我擔任臺北市教育局體衛科科長時，有一天，一位美麗玲瓏、優雅大方的女士出現在我的辦公室，不敢相信她是一位武術協會的領導者。聽她娓娓道來，對於推展武術的理想、抱負及高遠的志向、期待，當下令人深有同感。

確實，綜觀當今體育現勢，國際最高賽會亞奧運、國內全中運、全國運乃至於學校體育教學，幾乎都是歐美西方的運動種類；而我國傳統運動種類，如同傳統醫學般，長久以來被忽視。身為首都學校體育行政主管，對於推展固有傳統優良運動，發揚傳統運動文化，實是責無旁貸。乃在當時教育局吳清基局長的支持下，與武術協會吳美玲理事長等，共同擘劃武術教材的編寫、師資的培訓、賽會辦理、獎勵制度的建立，期能藉由行政機關政策的引領，使武術教育能在學校體育奠基。

十多年來，參與、互動及深入接觸，我已然不是一位旁觀者；同時，對美玲理事長有更深層的認識。她個人從事房地產投資事業，將事業收入大量挹注在武術推展上，是一位疏財仗義的俠女，不折不扣的巾幗英雄。

美玲理事長有著極強大的能量，武術推展許多難題，她都能以一顆赤誠的心及堅毅的態度迎刃化解。她相當悲天憫人，常贊助同道、同儕、晚輩，對於身心障礙學童的教育更是不遺餘力，幫助他們從武術運動中，達到身心正常的發展，她是他們堅強的守護者。我們看到美玲理事長胸懷教育家的理念，她推展的武術教育不僅重視技藝傳承，更著重學生人格發展的啟發，是莘莘學子敬重的心靈導師，更是一位正直俠義的領導者。

這些年來看到美玲理事長除了推展臺北市校園武術、競賽、企業武術教學活動外，每年定期舉辦國際武術高峰論壇幫助喜愛武術的同好擴展視野，有一次在研討會中看她與日本友會的太極拳講師以運動科學面向探討太極拳操作原理，認真的態度讓人非常欽佩。

太極拳為傳統四大禪功—— 立坐臥行之一的行禪，屬內家拳，又稱內功拳或道家拳，是著重煉氣的功夫。煉氣首重呼吸導引，講究細、長、深、均，是調身、調心、調息的功夫，著重動靜之間。「靜者動之基，動者靜之用，靜者淨也。身靜生陽，心靜生慧，氣靜生神，神靜生精（元神）。」《道德經》:「人法地、地法天、天法道、道法自然。」美玲理事長在本書所談的無重力太極生活哲學是一項回歸自然，合乎「道」的養生功法。藉由修練太極生活，期能煉精化氣，煉氣化神，煉神還虛；進而煉虛合道，修道成真。

傳統醫學認為左右我們身體健康的就是在體內循環的氣，稱為身體能量或生命能量。太極拳是煉氣的功夫，兼具養生、健身，進而性命雙修的傳統武術，更是提升淨化心靈的內家功法。所謂文講八法，武講八式。美玲理事長推動無重力太極生活，乃是結合太極拳與六合門精粹的一門養生功夫。內煉精、氣、神 ，外煉手、眼、身、法。上下相隨，內外相合，以無重力的意旨達到天人合一，順乎自然的境界。更藉由無重力太極養生哲學生活，傾聽自己內心的聲音，重新認識自己的生命，從轉換生活模式中提升健康的身心靈，體悟本身具足的清淨本性（佛性）。

這本書即將付梓問世，期待這位充滿正能量，真誠、正直、勤毅、俠義，用生命推展武術的俠女，用她的大愛、大悲所撰寫的這本《無重力養生 太極鬆柔新生活── 從生理、心理到心靈的徹底活化》，能帶給您我不一樣的生活，不一樣的生命。讓我們拭目以待，並秉持「信、願、行、證」的修持，認識它、了解它、推動它、修煉它，體現太極無重力的人生。

推薦序 四

六合太極——
健康生活最好的入門學

徐賢龍 老師
六合門第五代掌門人

年少時期和六合門師兄弟們總是在月光下習武練劍，綁沙袋、陸地飛騰、跑操場、翻滾練輕功，練完後師父會要求我們提腿下氣，呼吸緩和之後再靜坐調息，我的老師王禎師父（卒）是少林派六合門第四代傳人，除了本門武藝也會太極拳，不過當時的我年少好動不懂老師的太極，後來有幸跟隨康國良大師（楊氏太極）、潘永周大師（陳氏太極）練太極拳，在習武人生中也逐漸明白武術宏觀面貌。

延續早期靜坐調息的經驗再次體會太極拳的內涵，使我更理解太極拳。探討太極拳技法原理和運用的著述總是長篇大論，但是對大多數人來說，太極拳的作用就是有益身心健康，醫界有過許多研究都建議中老年人、上班族練太極拳是對健康有助益的，另外對於重視生活品質的人，太極拳也會是促進身心靈成長的一種生活儀式，通俗一點講，太極拳就是非常適性的健身運動，任何人都能學，如果有老師的指導就更快能掌握方法進階體驗。放下妄念，當下隨身體韻律、依脈絡帶動氣血循環，促進代謝，活化神經，養顏美容，延年益壽，這就是練習太極拳的好處。

吳美玲老師是我六合門同道，算是師妹，她先啟蒙於楊氏太極拳，之後學少林六合。六合武藝是屬於北派長拳，重視身法，以翻滾跌撲動作為基礎，早期習武必須揮汗於戶外場地不論晴雨的練習，她總是保持堅毅的學習態度，這是她對武術的愛好。

然因緣際會使她從一位武術愛好者轉成為武術推廣工作者，緣起於當知曉武術協會（臺北市體育總武術國術協會）有困難時，她承接下武術協會工作責任，並在看到許多早期練武的前輩、師兄們年邁後的生活困境時，決心組織教練工會（臺北市體育運動教練職業工會）為從業人員找出路，在這些折衝過程後又經過行政立法等往返交涉數年才得以成立。她毅然扛起沉重的社會責任和積極不輕言放棄的行為風範堪稱俠女，這是我與她共事於武術協會所看到的經歷。

吳老師的工作肯定忙碌，但還不停排課教學推廣武術，說到她的教學經歷，那是全方位的，從小朋友到老朋友，教學內容從少林拳到太極拳，她關心學生，重視互動溝通，當她的學生是幸福的。吳老師活學活用，忙碌中精神容貌依然煥發，應該也是太極養身的功效。生活習武教育傳承，會是吳老師人生的寫照。

「六合」為上下四方，有全方位的意思，「太極」是由無而有的初始狀態，那麼，要全方位又不失本源之始的這件事，是一個理想的情境。其實中國武術的發展在歷史上總是適才適地的運用，因人而異、因地制宜，情境的改變也會有

相對應的變化，所以武術的種類包羅萬象門派眾多，而現代人的福氣是社會資訊發達，許多技法不再神秘，師父也都樂於傳授以免於失傳，但雖說如此，武學之浩瀚也並非容易理解之事，要如何掌握，如何在訊息爆量的網路世代中尋找適合自己學習的內容，相信是許多人的疑問。六合太極拳源自陳楊兩派傳統太極，以人為本，引導初習者正確掌握要領而不失本法，使動作觀念得法，進而喜樂探索，享受成就。

吳美玲老師的六合太極拳教學是從生活的哲學角度出發，將其體會和經驗撰述出書，和大家分享交流期望能帶來社會全體的健康，同時因為任教於大學造福不少學子，是一位深獲學生愛戴的老師，常看她協助從全球各處來臺的校際生。譬如現在武術協會的一位助理就是她在大學任教時的學生，這位交換學生來自馬來西亞，當初修業期滿應該返回原居留地，可是又很想留在臺灣，吳老師就給予她協助。吳老師非常疼愛那些從遠方來的各國校際生，還曾親自包粽子讓這些孩子感受臺灣的端午節節日文化，許多好的工作機會她也都會引薦給學生。在跟隨吳老師學習的行列中，年長學生大都是各行各業的企業主，有些是學生家長自己也來學習，有些則是慕名而來。

吳老師之所以編撰這本太極無重力生活哲學書，是因為看到現代社會人的忙碌不再是朝九晚五而已，而是二十四小時的忙碌，導致作息混亂了，身體搞壞了，還有些身心症狀不是吃藥所能解決的，需要一種方式來調整生活節奏，吳老師因此以自己由武術、太極拳重獲健康的經驗，拋出一個生活理念，幫助時下青年、上班族認識太極拳、學習太極拳，讓大家了解太極拳是一種回歸途徑，從而找到無負擔無壓力，可以順其自然生活的自在境界。我們可能無法掌握生命的長短，但是生命的品質是可以自己建立的，有的時候要適切關注自己身體內的小宇宙，不動是不會有結果的，身體力行知難行易終究如魚得水。太極拳趣味無窮，值得大家來探索！而這本《無重力養生 太極鬆柔新生活——從生理、心理到心靈的徹底活化》就是健康生活最好的入門學！

推薦序 五

令人驚豔的武術和養生功法

林仲曦 理事長
中華武術推廣協會

在傳統文化與現代價值的激盪中，欣見吳美玲理事長以她個人不凡的經歷，淬鍊出《無重力養生 太極鬆柔新生活》一書分享世人，本書不僅是習武者之福，也是現代人追求心靈平和少見的具體實施教案。初拜讀時即被標題「無重力養生」所吸引，隨著全球化腳步加速，企業必須不斷因應挑戰，這個競爭壓力從經營者到一線員工，可說無一倖免。美玲理事長經營企業多年，深知壓力源之所在，獨創出「無重力的養生哲學」，這個名稱的底氣想必來自她數十載的武術底蘊，運用武術中「化勁」的概念，四兩撥千斤，將來勢（壓力）轉化成為自身能夠靈活掌控的力量，令人驚艷。

傳統武術的特色，是內運加外動，影響所及可外強筋骨、內壯精神，難得的是本書乃全方位的鋪陳，從基本拳理開始，進入太極拳架，手、眼、身、法、步淺顯易懂，訓練要點無一不備，可以讓同好從修練外在的身體素質開始，體驗太極之美，繼而進入養生功法，吐納呼吸、鬆、靜、柔。

在我習練八極拳的過程中，劉雲樵大師常提「剛中求柔，柔裡調剛」，又云「剛中無柔，則無豪放之勢；柔中無剛，則無雄壯之氣」，原來不論八極或太極，其基本學理的質性，大抵類同。而正就是這種共同的理技，對外，建立了中國傳統的武術。它與全世界、各民族，東西洋各國的武術，完全不同。獨樹一幟，高高在上，在人類文化史上的成就，高不可攀，舉世無匹！

「太極生活」將是現代運動突破常規的創新模式，轉化了傳統武術美學，也解釋了中國文化的思想傳統，使之可以用來載負現代的價值，「太極養生八大錦囊」只要充分理解，確切實行，對人體健康與預防保健具有積極的意義，尤其「靜心」、「正念」更是武學中高級心法，覺察內在身心與外在的真實狀況，勇敢且客觀地面對困境，如實地經驗情緒，觀察身體的反應，這樣才能超越情緒，做情緒的主人。美國曾針對正念減壓進行研究，結果發現，焦慮情形大幅改善。因此，只要維持練習，讓正念成為生活的一部分，日積月累、細水長流，效果即可預見。

感謝美玲理事長現身說法，不吝分享秘技，不僅造福習武同好，也對現代人的身心問題，提供了解決方案，再次推薦照顧國人健康的寶典《無重力養生 太極鬆柔新生活——從生理、心理到心靈的徹底活化》。

推薦序 六

進入六合太極秘境

張軒豪 執業律師
宇達法律事務所

武當派掌門人「太極張三豐」是金庸筆下無人不曉的經典人物，他擁有天賦異稟的慧根，正氣凜然的個性，以及寬和從容的處事態度，他為從小愛看金庸武俠小說的我，樹立了值得學習的榜樣。「太極者無極而生，陰陽之母也。動之則分，靜之則合」，這句太極拳譜中的心法，藉由他在書中人物的詮釋演繹，讓我對於「太極拳」產生濃濃的興趣及好奇心。

我的職業是律師，工作過程中充斥著當事人的負面情緒、急迫的時間要求及勝敗訴結果的高度壓力，「放鬆及靜心」對我來說是困難的渴望，過往雖然也曾有學習太極拳的機會，但都因未遇到令我折服的對象，以致於一直不能開啟學習太極拳的道路，畢竟我認為武學造詣及品格操守兩者，缺一不可。

直到，因緣際會認識了吳美玲老師，藉由瞭解吳老師的成長及習武歷程，以及她願意一肩挑起發揚中華武術重擔的起心動念，與遭遇困境卻仍堅持不懈的態度，我看到了吳老師誠實、善良、自信、堅持、勇敢、充滿正能量的品格，她待人處事婉轉而周全，這些外圓內方的特質，不正是太極「天圓地方」的理念嗎？

總算，我找到了期盼已久的心中典範，正式踏入學習六合太極拳的旅途。學習六合太極拳的過程中，透過吳老師循序漸進的教導，從像小孩蹣跚學步一樣開始，到現在能獨立打完整套太極拳，左右腦的運用更加靈活，心境跟個性更加穩定平衡，緊繃的筋骨逐漸放鬆延展，對我來說，無論在工作上、生活上、心境上及身體健康上都有很大的助益跟進步，待人處事更加圓融，也讓我透過太極拳優化自己，增加個性的彈性及可能性。

這本《無重力養生 太極鬆柔新生活——從生理、心理到心靈的徹底活化》不只是一本武術教學書，更是一本融合太極精神及吳老師外圓內方精神的精粹之作，誠摯邀請讀者與我一同進入六合太極的秘境，一同沉浸心靈、身體健康，享受六合太極的無重力生活哲學。

作者序

如何擁有身心靈健康的幸福生活

教拳的日子數一數也有一萬多天了，從兒童武術開始，跟著小朋友從低年級、中年級到高年級，進入中學、大學、出國讀書、就業、結婚、成為父母，感受到練武的孩子在成長的過程中多了一份對待不同環境的勇敢與堅毅的心性。

民國八十幾年初那個想要散播武術種子的念頭剛萌芽，雖然恩師鄧時海教授（楊氏太極拳第五代傳人）數次反對，但幾經周折最終我還是意志堅定地實現了這個心願。現在每隔一段時間就會有從地球各處回來相聚的學生，看到從小手把手教的學生一個一個都成為社會菁英、國家棟樑，那是一種甜蜜而踏實的回饋。

因為習武，讓原本弱不禁風又有心律不整等心血管遺傳基因的我慢慢恢復健康，從而有機會去揮灑彩色人生，迎接創業的挑戰，使我能更勇敢開創不同領域的商業模式，成就自己的事業。這個真實的體驗告訴我定要將這麼好的強身健體的方法分享給更多人。

毅然放下商旅人生走入武術教學後，這些年來我為自己在每一個階段設下挑戰，從兒童武術刀、槍、劍、棍教學，到特殊兒童武術教學，再到成人企業班的太極氣功、八段錦、六字訣養生功法教學等等，全力播撒武術種子，已讓許多人擁有健康的身體。

期間在成人企業班教學以及四處演講太極功法時，看見許多人因為過度忙碌而疏忽了健康，好些企業家一心忙於事業，不知不覺中健康亮起紅燈。他們因為生活習慣不當慢慢累積導致身體病變，也或許原本身體就有些慢性疾病，再加上長期工作壓力等等因素積久成疾，更有人因時下3C產品運用普及，使用時身體姿勢歪斜，日子久了身體肌群逐漸僵硬滯塞，影響血液流暢，於是產生痠痛，最終轉為疾病。

我們原本可以有更健康美好的生活，只是大家不知道方法，為此我才有了出版這本書的想法，開始著手整理這些年裡自己的練武心得，收錄於本書前半部中與各位讀者分享，裡面很清楚敘述如何以無重力的太極生活哲學來面對節奏緊湊的現代生活，並提供簡單易懂的心法和技巧幫助各位進行演練。

同時為了更全面因應現代生活的不同面向需要，本書後半部還邀請理念相近的不同領域專業人士，提供可與太極養生功法效果相乘相加的養生方法和觀念。當中有美容美體業者蘇宇羚總經理分享SPA美容師運用太極有氧導氣功法，如何將好的氣導入客人身上從而產生神奇修復功效；還邀請擁有中國敦煌舞蹈明星光環的辣椒皇后李雪小姐，告訴大家飲食也是一項支持人類生命延續很重要的元素，藉由其中花椒

這個看來不起眼的調味料，如何取得與太極無重力生活哲學異曲同工的養生成效；最後更有從師大附中一路順暢到最高學府的學霸王子蔡清淵，以五行蔬果養生餐來跟各位談談如何吃得順應天地自然，一起擺脫現代生活桎梏，重新認識太極無重力生活美學。同時還有成人太極氣功教學學員，現身說法分享他們因習練太極拳而身心靈重獲自在的經驗。

不管練武養身養心、吐納養氣或飲食調理健康，這些根源於中國老祖宗的養生智慧都在告訴我們，人的生命源自於宇宙，當然也該照著自然的運行頻率來生活，唯有與天地共頻我們才能有健康的身心靈、幸福的生活，希望這樣珍貴的知識大家都能知道，同時也能在生活中身體力行。

目次

前　言

PART I

珍貴的中華傳統

太極——無重力的養生哲學

從生命的源頭來看「太極」這生命初始形態，
講求的是圓融運行、和諧共榮，
當中必然好事和難事（光明和陰暗）相互交融消長，
如此方能構成一個完整的生命軌道。

我們距離這個圓滿狀態越來越遠卻渾然不覺，
身心靈過度阻滯耗損帶來許多生理心理疾病，
讓我們將腳步放慢，靜心傾聽一下吧！
什麼是自己內心最初的聲音？

圖片提供 / 吳美玲

過勞大概是現代人不分年齡都要面對的共同問題，忙碌讓人忽略了自己的身體，生活裡有各種瑣事環環相扣，工作、家庭、學校每一個環節都必須面面俱到，放掉哪一個都覺得萬萬不行。長時間下來我們忘了停下腳步，傾聽內在那個最初的生命需要什麼？

隨時光流轉，我們距離生命最初那個圓滿的狀態越來越遠，卻渾然不覺。現代人常見的腰痠背痛，這是身體在向你發出初期的警訊，然而我們常因忙碌對它知而不覺，等到五臟六腑也出了問題，開始忙碌奔走於各醫院之間才頓時恍然大悟，醫師反覆叮囑應該放下的一切，在身體不斷傳送的訊息裡早已預示。

讓我們將腳步放慢靜心傾聽一下！什麼是最初自己內心的聲音？

透過這本書希望帶領大家重新認識自己的生命，給予讀者一個從根本徹底轉換生活模式、恢復身心健康的最佳良方，現在開始，為時不晚！

和宇宙同頻的生命初始狀態

人類是宇宙的組成分子之一，最適合人體的頻率自然也當與宇宙合一。

何謂宇宙？按中國道家的說法：「無極生太極，太極生兩儀，兩儀生三才，三才生四象，四象生五行，五行生六合……」在無極狀態──渾沌未分、陰陽未定那當下的浩大時空，便是宇宙。

當浩瀚的無極中有了太極，亦即有了陰陽、雌雄、正負之分後，開始有了看得見的個體，同時陰陽交偶天地萬物生，陰陽相輔相成，男性女性相依相存，同頻共生共融。

當浩瀚的無極轉為太極，開始有了陰陽、雌雄和正負的區分之後，與宇宙同頻、陰陽和合就成為所有生命繁衍茁壯的必要條件。（圖片來源/ freepik、網路）

「無極生太極」在太極這個階段，講求的是圓融運行，要能在一個相同的環境裡共存，同頻就成為首要的條件。能夠和諧共榮，自然就能生機蓬勃。

我們從生命的源頭來看太極的生命初始形態，以精子和卵子的結合作為一個源點，逐漸發展成長為一個生命叫做胎兒，然後這個小胚胎透過層層努力不斷茁壯個體來到世間，降生後第一時間用盡全身所有的力量呼出第一口氣，藉由最大分貝的哭聲讓肺部充滿氣，再以氣帶動全身的血液運行、細胞活躍，於是一個小生命由此開始。

在無極中的太極是一個廣大寬闊的天與地，既然分了陰陽，其中必然有所謂好事、難事（光明面、陰暗面）互相交融消長，才能成為一個完整的生命軌道；所以當我們能夠在遇見難事時以寬闊平和的心去克服，在遇見好事時以喜樂自在的心去迎接，這就是一種生命本該有的初始狀態，也是太極的無重力生活狀態。

細胞分裂的速度決定人的壽命與健康

從生命的宏觀面我們轉向微觀面，細胞活躍與否是健康生命的重要元素，在平穩的生活中細胞分裂的速度會趨向穩定，但若常處在充滿緊張壓力的生活狀態下，身體細胞分裂的速度會加快。美國德州休斯頓貝勒醫學院（Baylor College of Medicine）分子免疫學專家封莉莉（Lili Feng）教授在哈佛大學發表的一項演說中，談到她在細胞研究方面的發現：人體細胞在一生中的分裂次數是有限的，每個細胞的生命是短暫的。所以細胞分裂速度會影響到人壽命的長短，而健康的細胞分裂是緩慢的。人體若持續接受高強度鍛練，例如競技場上的運動員為了獲得良好成績必須長期接受持續密集的訓練，會使身體的細胞存活時間縮短，體內老死的細胞很快會被新細胞更換。假如人體細胞在一生中分裂的次數是有限的，而細胞卻又快速被新細胞更替，這樣子一個人的生命自然會被縮短。

根據這個研究成果，我們知道讓細胞分裂速度減緩對人體健康有好處，但反觀現代人的生活，絕大多數卻常處在高壓力的環境中，必須分秒必爭地度過每一天，無形中身體的細胞也在高壓狀態下快速分裂，各種文明病頻繁衍生，我們該如何讓細胞恢復平穩的分裂狀態？

唯一的解答就是返璞歸真，回復到生命初始狀態——寬闊圓融的太極境界。針對現代人各種身心疾病，世界各國有不少人嘗試提出解決辦法，但在中國豐富的傳統文明裡其實早已有根治的良方——太極的無重力生活模式。

太極拳架之美

人體的血液無時無刻都在運行，不斷提供細胞所需要的養分和氧氣，同時將身體的廢棄物回收，然而緊湊的生活步調卻讓現代人每天都上緊發條，連小孩子也難以倖免，從一早去上學，下課後接著去安親班、補習班……，折騰完畢已經晚上七、八點，不僅孩子疲累，奔波接送的父母也不堪負荷，這樣的生活場景在現代都市裡處處可見。

如何運用太極拳使急躁的心穩定下來？使人體細胞分裂恢復平緩？太極拳不僅止是武術，同時還結合了中醫經絡學和道家的養生功夫，如同太極圖裡所呈現的陰陽消長不息、循環無盡的圖形，透過太極拳架的鍛鍊可以帶領我們再一次領略宇宙渾圓一體、無極而有太極的自然律動。

《易經・繫辭》：「所謂凡形而上者謂之道，形而下者謂之器。」藉由太極拳架這個「器」，於修練外在肉體的同時，也重新找回太極內在陰陽圓融的協調順暢，使道、器合一，內心漸趨平靜，然後反過來再以更為靜定的心念引領全身肢體，讓每一個舉手投足更符合人體力學原理，展現出太極拳架的中正安舒、上下對拉，以此支撐起肉體與骨架，使身體在行立坐臥間虛實轉換自如，更為輕靈自在安穩。

與一般直線運動不同，太極拳架在演練過程中有肢體承起與下落的動作定律，必須左右腦和諧來共同完成一個套路，所以太極拳也是一個內在的有氧運動，藉由套路的招式與轉折可以刺激腦細胞的活絡，以平靜的內心、安穩的呼吸吐納引領血液流暢於全身，讓人體細胞分裂漸趨平衡緩慢，這就是太極拳架之美。

太極拳架之美美在於我們可以透過不斷重覆的演練，摸索熟悉拳架與人體各部的對應關係，進而更深入探究每一個拳架如何對應人體內裡經絡、五臟六腑，在施展拳架時，不只骨架軀幹中定安穩、肢體不歪不扭，同時內心平靜，能以看似緩慢卻內藏勁力的肢體動作慢中打快，在靜中鬆開因生活壓力而緊繃阻塞的肌肉，肩頸的僵硬得以舒緩、回復彈性，讓血液能自在流通，身體不再痠痛。

根據哈佛大學在健康醫學上的動物研究證實，當大腦停止分泌多巴胺時，動物會停止進行自己熱衷的活動，進而衍生疾病。當身體透過太極拳架的演練，心與肢體都得到平靜自在的同時，人的大腦會接收到自在的訊息，從而釋放出多巴胺，讓人感到快樂，遠離憂鬱症、帕金森氏症等常見疾病。而這也正是為什麼太極拳能在現代3C科技潮流衝擊下依然屹立不搖的重要原因。

無重力生活哲學

若能勤於習練太極拳，不僅可以改善身體健康，更可以修養心性，涵養性情，提升人的道德品質，改變人的精神面貌，使人能包容寬厚。

有幸福的感覺時陽光是燦爛的，環境是可親的，人為什麼會感受到幸福？在什麼情況下心靈可以得到滿足，乃至讓人感受到幸福？幸福的最基本元素就是健康的身體，有了健康的身體才能享受美食，才能實現美好的夢想，創造智慧、累積財富、享受人生。想要常保身體健康，唯有透過運動讓身體循環保持在一定的平衡狀態下，而什麼樣的運動可以讓身心靈都得到美好的回饋呢？這正是六合太極拳架最值得珍視的價值和作用。

太極本是一門智慧的功夫，融儒、道、禪三大體系於一體，深入學習後，我們可以認識到太極拳所具有的深厚而又豐富的文化蘊涵。這個拳架鍛練的不只是外在肉體，更是內在的平和心境，所以又被稱為「哲拳」、「文拳」。

太極拳中正安舒、端莊舒展、開合有度的拳架規格，緩慢柔和、均勻協調、沉穩輕靈的動作模式，恢弘大氣、厚重凝練、儒雅雋永的內在韻涵，精神貫注、冷靜鎮定、從容不迫的外在神態，無一不體現著陰陽和合之道，因此若能勤於習練太極拳，不僅可以改善身體健康，更可以修養心性，涵養性情，提升人的道德品質，改變人的精神面貌，使人能包容寬厚。根據筆者多年教學所見，許多人在學拳前性情急躁，行事魯莽、衝動、愛生氣，但在習練太極拳之後大大改觀，甚至判若兩人。

每天給自己一點時間，不斷重複演練六合太極，在拳架中使堅硬的身心變得柔軟，在虛實互換的招式中，使生活環境所造成的肌肉緊張得到鬆弛，解放了長期積累的心靈焦慮感，同時在平靜的運動過程中向內找回最初的自我，藉由拳架重新啟動腦部分泌出好的多巴胺，去感受身體與心靈的滿足，爾後這滿足才能轉化為太極的無重力生活智慧，進一步創造豐碩的人生。

六合太極養生功法

從太極拳架入手，初步改善了人的體質和心性，而後透過不斷演練、剖析原理，人才有能力真正在養生、養心、養性方面下功夫，跟著再來學習吐納（呼吸）、鬆、靜、柔、靜坐就能事半功倍，這整個拳架和心靈的修練體系我們稱之為六合太極養生功法。

先就養生來看。如同前面所說，在中華幾千年文化傳承裡，養生一事與天地宇宙運行息息相關。中醫主治人體氣血、經絡暢通，以利五臟六腑正常運轉，使人體回復健康。常聽人說若要人體經絡順暢，必須打通「奇經八脈」，這奇經八脈循行在人體的十二經脈之間，與其縱橫交互，對十二經氣血起著蓄積和滲灌的調節作用。

簡單的說，奇經八脈就如同一個湖泊大澤，十二經脈之氣則似大江之水。這氣血經由奇經八脈的調節、蓄積，然後輸入人體組織，使人體機能更加旺盛，可以有效率的供應生活所需能量。而六合太極養生功法講求的就是在演練過程中打通人體的全身經絡，使氣血流暢，達到祛病延年益壽的養生功效。

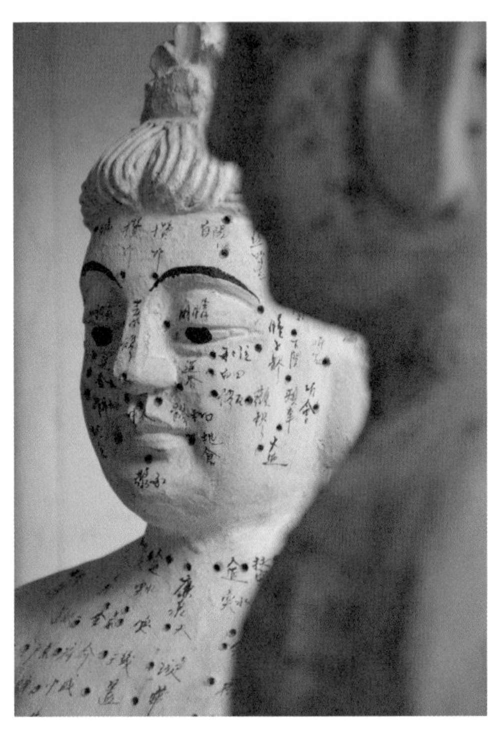

太極拳不僅是武術，當中更蘊含中醫經絡學和道家養生的深厚底蘊。（圖片來源/ pixabay）

再看養心。人的身體要有充足的營養才能常保健康，心靈也要有養分滋潤才不會枯竭。這養分來自於知識，也來自於見識。前者可以倚靠書本，所謂「一日不讀書，言語乏味；三日不讀書，面目可憎。」讀書求取知識，可以變化氣質、淨化身心，透過讀書可使人明理知義、通情達理，甚至人生的迷惑、疑問都能夠因此心開意解。見識則是從自身經歷中不斷反省提升，「吾日三省吾身」，同時見賢思齊，「三人行必有我師焉」，看著別人的好榜樣，就要有「有為者亦若是」的決心，不斷自我改善。

心性成熟到一定程度後便可寡欲清心，孟子曰：「養心莫善於寡欲。」眼前有一事時，心裡想的便只是將這一事圓滿，心不慌氣不急之後身體自然也不會有燥氣。現代人常事事貪求，既想要這個，又想要那一個，心慌亂氣不順，身體有燥氣，疾病自然也跟著來，把本心都給紛雜了之後，一顆心也就隨著外境奔走出去了。

下面談談養性。人的心要平靜，必須沒有雜念妄想，過度情緒變化。但是人的思想、情緒、感覺隨時都會因外在環境而有變化，這當中免不了因當時面對的人事物而產生鬱悶、痛苦、煩惱、自卑、傲慢……各種情緒。所以要能隨時拿掉自己心裡的情緒、思想、感覺，必須自己勤下工夫，這就是養性。

再接著看看何謂吐吶（呼吸）。健康長壽起源於氣，氣順則通體舒暢百病除。生命的開始源於我們呼出的第一口氣，直到結束這一趟所謂人生旅程，生命終止也在最後那一口氣。順氣從呼吸開始，所以《黃帝內經》或是近世紀以來任何人只要談到延壽，都會先談到氣功、養生功、太極拳、瑜珈等重視呼吸引氣的健身養生運動。

古人說「慢呼吸，長壽命」，道教經典書《太上黃庭外景玉經》上說「呼吸廬間入丹田」，《務成子》註：「呼吸元氣會丹田中。丹田中者，臍下三寸陰陽戶。」以吐納練氣使臟腑安和，形神相守，延年長壽。」

如前所說，太極拳架融匯了中醫經絡和道家養生的智慧，這「吐納」不僅僅是口鼻間氣息出入的呼吸，同時是在行練拳架時，統合人體意念、形體、臟腑、經絡等等，使人體神、意、氣統一，從而改善身心靈狀態。

靜心——聽見心的聲音

人的生活習慣是一點一滴慢慢養成，最終形成一種生活行為，現代人的急躁焦慮不是一天造成的，在這樣的身心狀態下，心無法隨著血液慢慢自在遊走於身體各個器官，身體怎麼可能健康？我們必須能聽見心的聲音。

在太極無重力的生活哲學裡，首先要透過靜坐去觀自己的心。靜坐靜心可以使人體腦部結構改變，因此讓身體的血液重新流暢，細胞分裂減緩，這是許多科學研究成果已經證實的功效，有越來越多醫師推薦靜坐，可增加個人專注力、學習力。對於上班族來說，還可以釋放工作與生活所造成的壓力，而對於銀髮族則有防止、延緩或至少控制長期性疾病，如心臟病、憂鬱症、恐慌症以及其他生活壓力所造成的心理疾病等等作用。

每天晨起或睡前，讓自己有幾分鐘短暫的發呆時間，放下眼睛所看的、耳朵所聽的，找一處僻靜的所在聽一聽自己心跳的聲音。慢慢深深的吸氣，再慢慢吐氣，反覆吸吐幾次後，嘗試聽一聽心給你的訊息是什麼，等到養成習慣後，再將發呆轉換為靜坐。若能從小就開始養成靜坐的習慣更好。

逐步習練太極養生功法，待到養成每天靜坐的習慣之後，便可以翻轉你的生活品質、生命狀態，何樂而不為？

快節奏的生活容易招致大腦、神經、血管系統問題，太極養生功法的「鬆、柔、勻、慢」正是對治的良方，不只可以預防健康受損，也可以大幅提升生活品質。只要靜下心來回應自己生命的需要，這樣一點點時間投資就可以找回生命原貌，翻轉你的人生，何樂而不為呢？

PART I

六合太極養生功法

太極拳不僅提供了從身體入手的回歸生命本來狀態的基礎管道，
也給予人們身心靈提升的珍貴高階心法。
可以協調肢體的運行動作使人左右腦平衡、全身筋骨柔軟，
同時配合深吸長呼的順氣呼吸法，帶動全身氣血順暢流通，
而後在演練套路的過程中幫助人逐步回復寧靜，
養生養心，進而一步一步重新達到身心靈平衡。
這是可以幫助現代人擺脫身心靈困境的珍貴傳統功法，
值得人們投注時間精力去認識和研習。

圖片提供 / 吳美玲

寬闊無涯包容萬物

如同前言裡所說，人類是宇宙的組成分子之一，最適合人體的頻率自然也當與宇宙合一。但是現代人因為追逐物質名利而偏離正軌，距離生命最初那個圓滿的狀態越來越遠，這是我們身心靈出現問題的最根本原因。找回那個生命最初始狀態是我們恢復健康的治本辦法，太極拳不僅提供了從身體入手的追本溯源的基礎管道，同時也給予人們身心靈提升的珍貴高階心法。

從古至今太極拳可以說是家喻戶曉的一種運動，本書中所提到的拳法係屬六合太極這一脈，出自筆者所屬六合門派編排的太極套路。六合門弟子平日所演練的不僅是六合太極拳，還有六合拳、赤尻連拳、六合刀、六合劍、六合大槍，而在六合拳裡還分一路、二路等等種類繁多。

僅就六合太極拳而言，是以太極拳的架構及武術技法原理為主軸，動作的運行講求緩慢柔順、圓活連貫、一氣呵成，強調技法規律以及技法的特色展現。演練的過程中必須「立身中正」——身體保持不歪不斜、不高不低，以重心平移的方式演練出無過無不及的適中動作，達到力與美的最佳展現。

就養生來說，六合太極拳在淺層面是以協調肢體的運行動作使人左右腦平衡、全身筋骨柔軟，透過拳架演練過程配合呼吸深吸長呼的順氣呼吸法，進而輕鬆按摩五臟六腑，帶動全身氣血順暢流通，同時演練套路的過程中身心得以獲得短暫的寧靜，從而回歸身心靈的平衡。

在氣的層面來說，太極拳動作的展現是以「意」識為主導，用「意」識引領呼吸支配著動作讓動作與呼吸依序順氣結合，帶動身體的氣血運行，以意領氣到達身體的末梢神經，從而帶走身體的廢氣，若經長期習練亦可結合意、氣、勁、形，展現拳架的完美、肢體的協調、心靈的平靜。

整套六合太極養生功法，初步改善體質和心性之後，再透過不斷演練去剖析原理，進一步在養生、養心、養性方面下功夫，跟著再學習吐納、鬆靜柔和靜坐，才能確實了解太極套路與肢體、臟腑的對應關係。

考量到現代人生活忙碌浮躁，平日能用來習練全套正統太極拳的時間心力可能不太足夠，筆者除了說明基本拳理和動作要求之外，特地篩選符合讀者日常需求的太極拳基本功法和原理加以簡化，方便大家隨時隨地可以操練，舒緩身體筋骨脈絡、平撫焦躁情緒，進而幫助各位將生活腳步放慢，能夠靜心傾聽來自身體的訊息，重新覺察自己內心最初的聲音，回復寬闊無涯包容萬物的健康平靜的生命初始狀態。

壹　六合太極　基礎篇

圖片提供 / 吳美玲

我們在忙碌緊張、目迷五色的現代工作與生活中淪陷，心靈猶如失根的浮萍，飄盪在各種顏色、音聲和變異頻生的繁亂節奏裡，要找回自己最初的樣貌，必須先從調整節奏，重建心靈與身體的聯結開始。這一章裡所提供的拳理（心法）和技法雖無法讓人快速恢復身心安適，卻是追本溯源的重要依據。

這些文字看來簡易，但隨著確實操練的時間越長，所得效果越顯著，值得投入時間細細琢磨考究。

一 基本拳理：宜每日記誦，於行坐立臥間細細琢磨並落實。

上懸下沉，中節舒鬆；
中定而動，軸輪互轉；
緩慢柔圓，息細勻長；
以意主導，形息互引。

1 上懸下沉，中節舒鬆

這是太極拳架的基本身型要求。

「上」指的是頭頂百會穴，「下」則指足跟、足掌和足趾等部，腳觸地時用來支撐的部位。「上」與「下」的中間，概稱「中節」。

練拳時將頭頂上領，彷彿有一條繩子懸在百會穴上，同時放鬆中節各部肌肉和關節，任其被地心引力向下牽拉而沉墜，於是手部和足部會有沉實感。

在這種「上懸下沉」的作用下人體可以「對拉拔長」——肩部、肘部、腕部、脊柱、軀幹、脖頸、足部等處關節都將被撐開，胸腹部亦隨之變得寬舒，而後中節各部位就能靈活運轉；而且還能使頭部端正、頸項順直、軀幹中正。

這個技法也可用來處理任意相鄰三關節間的相互關係。例如以頭為上、眉為中、肘為下，即所謂「頭懸、眉鬆、肘沉」——撐開眉關節，放鬆眉部肌膜。

再往下則為以眉為上、肘為中、腕為下，即「眉懸、肘鬆、腕沉」——撐開肘關節，放鬆肘部肌膜。

再來是以肘為上、腕為中、指為下，即「肘懸、腕鬆、指沉」——撐開腕關節，放鬆腕部肌肉。

如此由上而下、依次上懸中鬆下沉，就能全身放鬆、節節貫串，使氣力可以注於手足之中。

習練任何太極拳式心中均要帶有「上懸下沉」的意念，使身形舒展成上下對拉的狀態；頂部中心如同懸線朝上吊起，足部則是向地心延伸。

每個關節都相互貫串且保持舒鬆，中間沒有任一處局部用力。

2 中定而動，軸輪互轉

「定」指的是一種中和穩定的狀態。所謂「中定而動」，是以「中定」的狀態進行運動；或者可以說，是在動態運動中追求、保持「中定」。

(1)「中定而動」這部分有三種表現形式：

其一，身體在運動中保持不歪不斜的「中正」狀態，讓重心始終只在支撐面內移動。這項技法要求在動步之初，先將身體重心移到支撐腳，形成可以單腳支撐的支撐面，然後才移動腳步將腳提離地面。在行進移動的過程中，身體重心要始終保持在支撐面的中間，幾乎都不移出這個範圍，等待兩腳移動觸地形成新的支撐面後，身體重心才隨之向新支撐面中間移動。這樣子始終保持身體重心在支撐面之內，並與中正的身態配合，就可以具有較高的穩定度和輕靈度。

所謂「中定」是指立身中正，身形不歪不斜，並且在動作行進間重心不要高低起伏。

其二，身體在運動中保持不高不低的「中平」狀態，重心平行移動。這項技法要求人在身體移動時，始終保持頂平、兩眉平、兩胯平、兩腳平，藉此形成太極拳運動中重心平穩的特點。即便是大幅下落的「仆步下勢」，也是在保持身體「中平」的狀態下，先降低身體重心至一定高度，再平向移動重心，完成下勢動作。單腳獨立類動作則是先將重心平向移動至支撐面中間，再保持身體「中平」的狀態下，伸膝向上立起。

其三，身體在運動過程中保持無過無不及的「適中」狀態。所謂「無過無不及」，即王宗岳在《太極拳論》中所說的「無過不及，隨曲就伸。人剛我柔謂之走，我順人背謂之黏。動急則急應，動緩則緩隨。」因此表現在推手過程中是隨對手動而動，「隨曲就伸……動急則急應，動緩則緩隨」；在單練拳架時，則是動作的規格、變轉的速度、意氣的配合、勁力的剛柔等等都循規蹈矩，做得恰到好處。

這種在運動中求「中正」、「中平」、「適中」的狀態，由綜合表現來看為一種動態平衡狀態，也就是所謂「靜中猶動動猶靜」的狀態。

(2) 「軸輪互轉」：是太極拳動作中肢體配合的基本技法。

運動時，以腰為「軸」，以手足為「輪」。腰以上軀肢為「上」，腰以下軀肢為「下」。強調以腰動來帶臂腿動，猶如軸動時輪必轉一樣。下肢（上肢）動則能引起腰動而後帶動上肢（下肢）隨著動。猶如當我們搬動圓輪的一部時，其他部份亦隨之而動，也就是「上下相隨」。如此一來，全身「一動無有不動，一靜無有不靜」，動作協調完整。

在「中定」的前提下，身體重心始終牢牢落在地面上，以此為軸心來帶動勁力移轉。

3 緩慢柔圓，息細勻長

這是太極拳處理運動節奏、勁力、呼吸的一項技法。

意指練習太極拳時，肢體移動速度要緩慢，動作要連綿不斷運用柔韌順達的勁力，使動作銜接轉換圓活連貫，一氣

習練太極拳時節奏需連綿不斷且有勁，在過程中務求關照到每項基本心法要求。

呵成。與此同時，還要採用腹式深吸長呼，將呼吸調得細微綿長，出入勻速。

這項技法必須整體協調配合，循序進行，其中任何一環出現差誤，就會影響其他動作環節。例如，勁力剛強會導致身形僵直，速度快或呼吸急促也會反過來影響柔圓緩勻等技法的運用和肢體展現。

在循環往復的節奏間不僅身形和勁力運轉必須符合基本心法要求，呼吸亦要維持細微綿長，速度均勻。

4 以意主導，形息互引

這是太極拳整體運動的意念技法。練習太極拳時，要求以意識為主導，用意識來支配控制呼吸（亦即息）、肢體動作（亦即形），使兩者能有序配合。做到一方面以意領氣、

以意識帶領身形動作，展現肢體協調並搭配自然吸吐。

以氣運身、氣到力到，帶領肢體運動；同時以意識控制肢體，按照嚴格的動作規範運轉，從外形的變化引起呼吸的相應配合，並經長期練習，獲得意、氣、勁、形的統一協調，達到所謂「以意導體、以體導氣」和「以心行氣、以氣運身」的交融境界。

透過意識的帶領，使氣、勁、形統一協調，才能達到太極「以心行氣、以氣運身」的交融境界。

二 主要動作要求

1 身法

端正自然，中正安舒，是太極身形的基本要求。

總體要求：端正自然，不偏不倚，舒展大方，旋轉鬆活，不可僵滯漂浮，不可忽起忽落，動作要以腰為軸帶動上下，完整貫串。

(1) 頭：做到虛領頂勁，不可偏斜或搖擺，下巴需微內收。

(2) 頸：自然豎直，肌肉不可緊張。

(3) 肩：保持鬆沉，不可聳起，也不可後張或前叩。

(4) 肘：自然沉墜下垂，微彎曲，不可僵直或揚起。

(5) 胸：舒鬆自然，微內含；不要外挺，也不要故意內縮。

(6) 背：舒展拔伸，自然放鬆，不可駝背。

(7) 腰：自然鬆垂，不可後弓或前挺，以腰為軸。

(8) 脊：保持正直，不可左歪右斜、前挺後弓。動作微前俯時仍要維持由頭頂到後跟「斜中寓正」。

(9) 臀胯：自然下垂收斂，不可向後突出或搖擺。胯要鬆、縮、正，不可左右突出歪扭。

(10) 膝：伸屈時都要自然柔和。膝關節與腳尖同向。

2 手型

(1) 拳：五指捲曲，拇指壓於食指、中指第二指節上。握拳不可太緊，拳面要平。

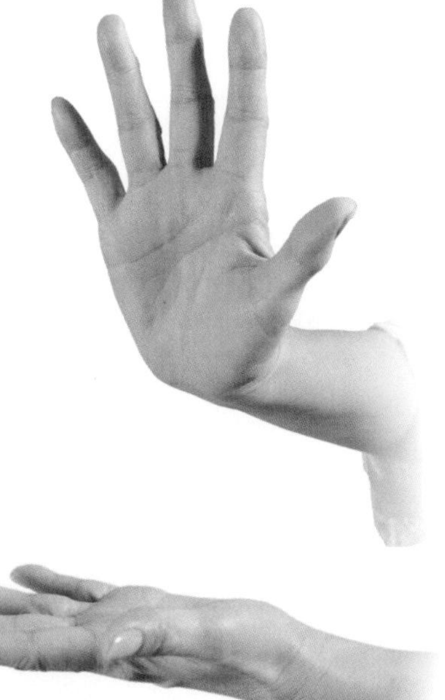

(2) 掌：五指自然舒展，掌心微含，虎口呈弧形；手指不可僵直，也不可過於彎屈。做側捋、托掌、纏繞、撐掌等動作時大拇指合向虎口。

(3) 勾：五指第一節自然捏攏並屈腕。

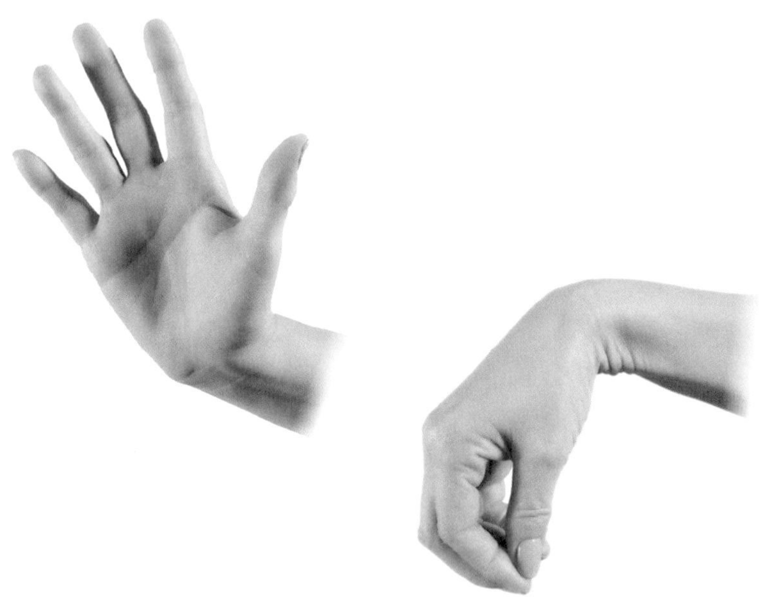

3 手法

(1) 衝拳 — 立衝：拳自腰部立拳向前打出，高不過肩，低不過胸，力達拳面。

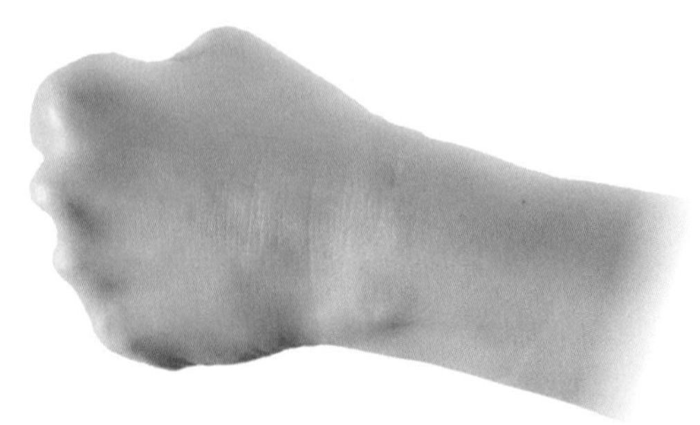

(2) 衝拳 — 彈抖：拳沿另一手臂內側內旋抖彈打出，拳心朝下，力達拳面。

(3) 推掌（前按）— 立推：掌須經耳旁，臂內旋向前立掌推出，掌指高不過眼，力達掌根。

(4) 推掌（前按）— 旋推：掌內旋立掌或平掌向前推出，立掌時掌心斜向前，力達掌根；平掌時掌心朝下，力達掌外側。

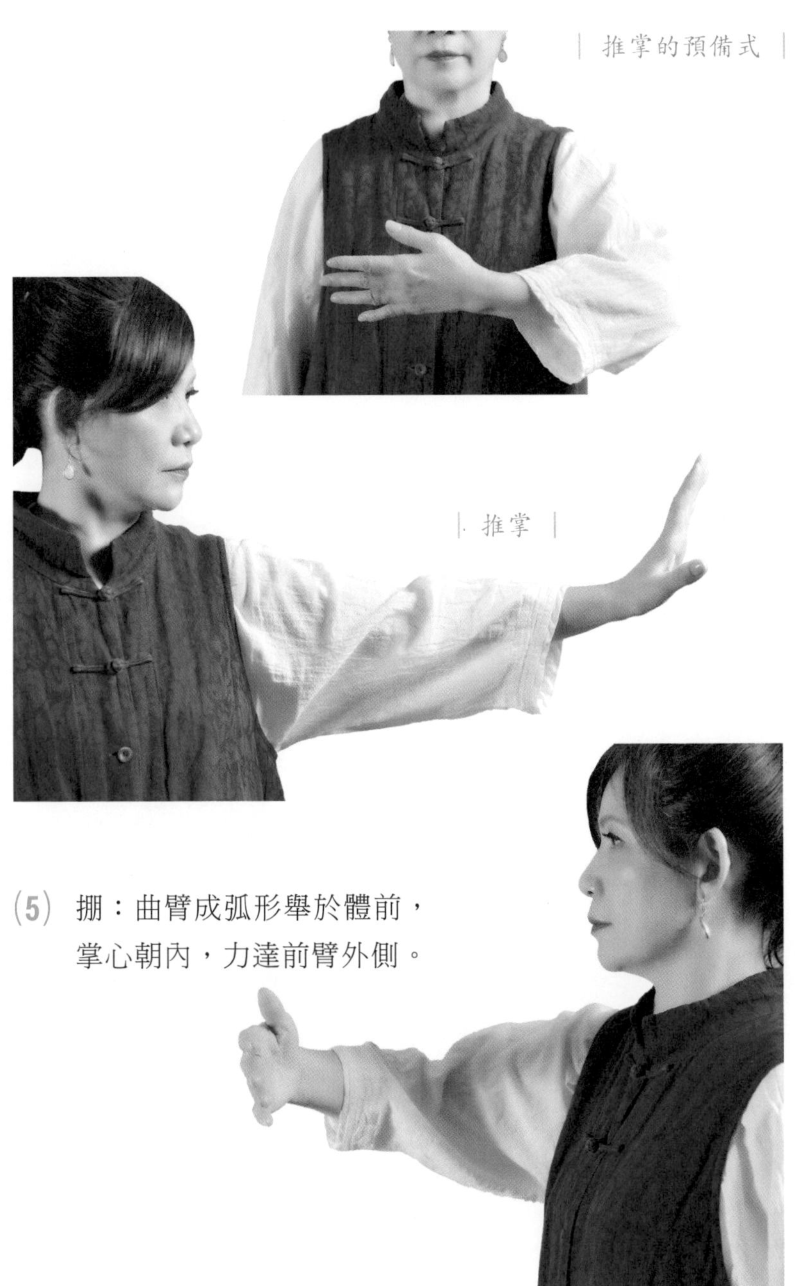

｜推掌的預備式｜

｜推掌｜

(5) 掤：曲臂成弧形舉於體前，
掌心朝內，力達前臂外側。

(6) 捋：臂成弧形，單手或雙手向左側（或向右側）後捋，臂須外旋或內旋，動作走弧形。

(7) 擠：一臂屈於胸前，另一手扶於曲臂手的腕部或前臂內側，兩臂同時前擠，臂撐圓，高不過肩。

(8) 按：單掌或雙掌自上向下為下按；自後經下向前弧形推出為前按。

｜下按｜

｜前按｜

4 步型

(1) 弓步：前腿全腳著地，屈膝前弓，膝部不得超過腳尖，另一腿自然伸直，腳尖內扣斜前方呈 45 度，兩腳橫向距離約為 10~20 公分。

(2) 馬步：二腳向左右開至約肩膀的二倍寬，腳尖朝體前方，身體重心下放呈端坐椅子的姿勢，保持膝蓋外開，肩沉下落，尾脊輕提起。

(3) 半馬步：兩腳開立下蹲，間距約二至三腳寬，一腳腳尖朝前，另一腳腳尖朝側，兩膝與腳尖同向，前膝膝蓋垂直落點不可超過腳尖。

(4) 虛步：一腿屈膝半蹲，全腳掌著地，腳尖斜朝前，另一腳微屈，腳前掌或腳跟著地。

5 步法

(1) 上步：一腿支撐，另一腿提起經支撐腿內側向前上步，腳跟先著地，隨著重心前移，前腳著地。

(2) 退步：一腿支撐，另一腿經支撐腿內側退一步，腳前掌先著地，身體隨著重心前移，前腳著地身體重心後移。

(3) 撤步：前腳或後腳後退半步。

(4) 進步：兩腳連續向前移動各一步。

(5) 跟步：後腳向前跟進半步。

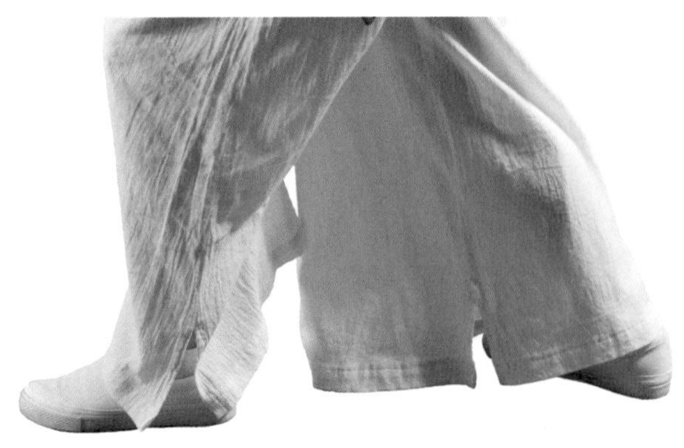

(6) 側行步：兩腳平行連續側向移動。一腿支撐，另一腿提起側向移步，腳前掌先著地，隨著重心橫移，前腳著地逐漸過渡為支撐腿；另一腿提起，向支撐腿內側並步，仍須先以腳前掌著地，隨著重心橫移，前腳著地過渡支撐腿；並步時兩腳尖距離為 10~20 公分。

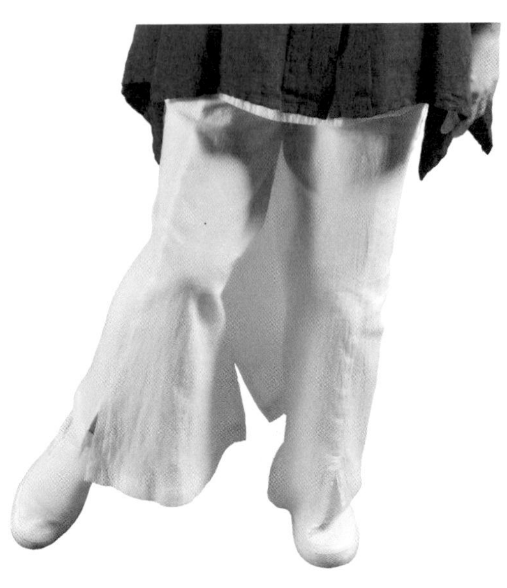

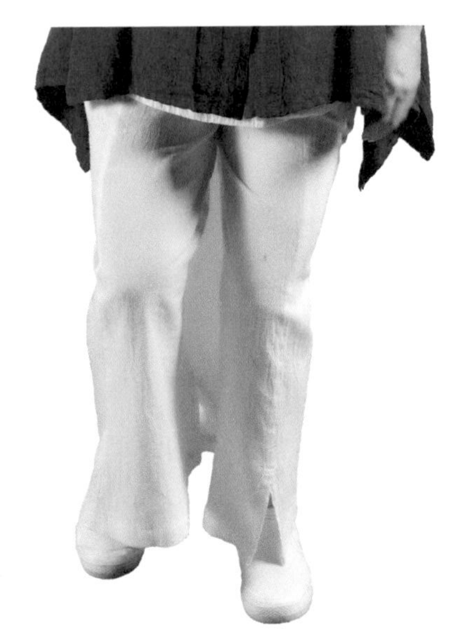

(7) 蓋步：一腳經支撐腳前橫落。

(8) 插步：一腳經支撐腳後橫落。

(9) 行步：兩腳連續前進，重心要平穩。

⑽ 碾步（碾腳）：以腳跟為軸，腳尖外撇或內扣，或以腳前掌為軸，腳跟外展。

以上各種步法均要求，轉換進退虛實分明，輕靈穩健。前進時，腳跟應先落地；後退時，前腳掌先著地，不可重滯突然。

重心移動要平穩、均勻、清楚。兩腳距離和跨度（橫向距離）要適當，腳掌和腳跟碾轉要合度。膝部要鬆活自然，直腿時膝部不可僵挺。

6 腿法

(1) 分腳：支撐腿微屈站穩。另一腿屈膝提起，然後小腿上擺，腿伸直，腳面繃平，腳尖向前，高過腰部。

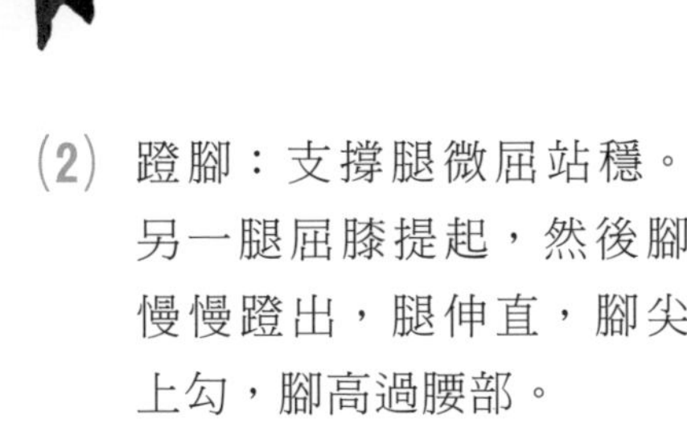

(2) 蹬腳：支撐腿微屈站穩。另一腿屈膝提起，然後腳慢慢蹬出，腿伸直，腳尖上勾，腳高過腰部。

(3) 擺蓮腳：支撐腿微屈站穩。另一腿從異側擺起經面前向外做扇形擺動，腳面展平，兩手在額前依次迎拍腳面，擊拍兩響。

7 跳躍

(1) 原地跳、翻身跳、轉身跳、蓋步跳：縱跳要高，落地要輕，身體要保持正直。各種竄蹦跳躍動作，必須縱高躍遠，身體保持端正，落地要輕靈穩固。

8 眼法

眼是傳神之窗，是內在意識的表露。當意識貫注於動作中時，體現於外便為手眼相隨。眼法的一般規律為：目光平視，看進攻的手或主攻的方位。切忌偏頭斜視，瞪目圓睜。

神態應自然，具體做法：

(1) 在動作運行過程中，眼與手法、步法、身法協調配合。眼神隨著主要進攻手運行（即眼隨手轉）。目光宜靈活有神，眼要自然睜開，威而不猛，表現出沉著、機敏、嚴肅的神態。

(2) 當手於前面的動作定勢時，眼神自食指或中指尖向前延伸至遠方，或注視兩手。

(3) 凡是兩手上下或左右展開的亮勢動作（如白鶴亮翅），目光要平視遠方，有待機而動的神態。

三 基本技法

（一）動作特點

(1) 體鬆心靜，呼吸自然，身體要舒鬆自然，思想要安靜集中，專心引導動作。呼吸要保持自然平穩，與運勁、動作協調配合，不可勉強憋氣。

(2) 動作順逆直橫、起落旋轉都要呈弧形，要虛實分明，避免直來直往，生硬轉換、雙重僵滯。

（二）技法項目

1 上步練習

(1) 預備式：身體自然直立，兩腳跟併攏，腳尖稍外展，兩手背分別貼附後腰兩側，手心均朝外，目向前平視。

(2) 身體重心移至左腿並屈膝，右腿屈膝抬起。右腳向右前方上一步，腳跟先著地成右虛步。然後重心逐漸移向右腿，全腳踏實，腳尖向前成右弓步，目向前平視。

(3) 身體重心移至左腿並屈膝後坐，右腿自然伸直，右腳尖翹起外擺成右虛步。然後上體微右轉，重心移向右腿並屈膝，全腳掌踏實，腳尖偏向右斜前方，同時左腿屈膝，腳跟抬起微外展碾腳。

(4) 上體微左轉，重心全部移至右腳，左腿抬起，經右腳內側向左前方上一步成左虛步；然後重心逐漸移至左腿。全腳踏實成左弓步，腳尖向前，目視前方。

(5) 根據以上步法變換過程，兩腿交替向前反復進行練習。

(6) 收式：後腳向前腳跟步，兩腳跟靠近，兩腿慢慢伸起。

功法要點：

進行練習過程中上體始終要保持正直，目向前平視，重心要保持平穩，不要忽高忽低，身體的高低程度取決於個人腿部力量，因人而異。動作與呼吸的配合方式是：虛步時為吸氣，弓步和碾腳時為呼氣。步法轉變要連貫穩實、虛實分明。

2 退步練習

(1) 預備式：身體自然直立，兩腳跟併攏與前述上步預備動作相同，惟兩手虎口叉腰，手心朝裡，目朝遠前平視。

(2) 身體重心移至右腿並屈膝，左腿屈膝抬起，左腳向左後方撤步，前腳掌先著地。重心逐漸後移，全腳踏實，左腿屈膝後坐；右腿自然伸直，目向前平視。

(3) 身體重心全部移至左腿並屈膝，右腿屈膝，右腳抬起經左腳內側向右後方撤步，前腳掌先著地。重心逐漸後移，全腳踏實，右腿屈膝後坐，同時將左腿自然伸直，目向前平視。根據以上兩腿動作變換交替向後反復進行練習。

(4) 收式：前腳向後撤步，前腳跟與後腳跟靠近，兩腿慢慢伸直。兩手臂自然下垂於身體兩側，手心朝內。

功法要點：

身體始終保持正直平穩，不要忽高忽低，高低程度取決於個人的腿部力量，因人而異。動作要連貫，兩腿虛實要分明。動作與呼吸的配合方式是：身體後坐時為呼氣，抬腿撤步時為吸氣。

3 側行步練習

(1) 預備式：身體自然直立，兩腳跟併攏，兩手背分別貼附後腰兩側，手心均朝後，目向前平視，同上步預備式。

(2) 兩腿微屈膝下蹲，一腿支撐，另一腿提起側向開步，腳前掌先著地，隨著重心橫移，全腳著地逐漸過渡為支撐腿；另一腿提起，向支撐腿內側並步，仍須先以腳前掌著地，隨著重心橫移，全腳著地過渡為支撐腿；並步時兩腳間距為 10~20 公分。

(3) 根據以上兩腿動作變換交替反復進行練習，亦可反方向練習。

(4) 收式：右腳向左並步，兩腿慢慢伸直。兩手臂自然下垂於身體兩側，手心朝內。

功法要點：

注意重心的移動要緩和，提起腳跟和前腳掌着地的動作都要有序的進行，避免跺地重落的移動。

4 擦步練習

一腿支撐重心，屈膝下蹲，另一腿由屈到伸，以腳跟內側著地，輕貼地面滑動，動作分解與側行步雷同，惟腳跟內側貼地滑動方式不同。根據以上兩腿動作變換交替反復進行練習，亦可反方向練習。

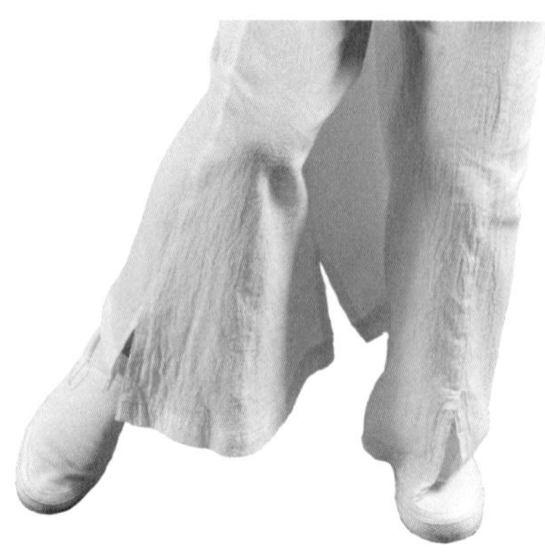

功法要點：

與側行步雷同，滑動擦步時，重心要下沉，在擦步到位前，盡量維持重心在支撐腳。

5 旋臂練習

(1) 右臂屈肘上提，右掌心向上，掌指向前。目向前平視。

(2) 上體微左轉，右臂內旋向右前方伸出，臂直，右掌同胸高，小指側翻向上，目視右掌。

(3) 上體右轉回正，同時右臂外旋收回胸前，此為右旋臂練習。左右臂交互練習。

功法要點：

要以身帶臂，右臂應隨腰部左轉緩慢向右前方旋轉伸出。內旋伸臂時手節領先，肘節相隨，肩要鬆沉催勁，同時目隨手視，左掌拇指側向內裹勁下翻。回收時右臂內旋回收，左掌小指側向外裹勁上翻。

6 側捋練習

(1) 預備式：身體直立，兩腳開立，右臂側平舉，立掌腕同肩高，小指側向前，左掌屈臂抱於腹前，掌心向上，目視右掌。

(2) 左掌向上舉至右肘內側，隨即右臂外旋，翻掌心向前，拇指側朝上；左臂內旋，翻掌心向前，小指側朝上。

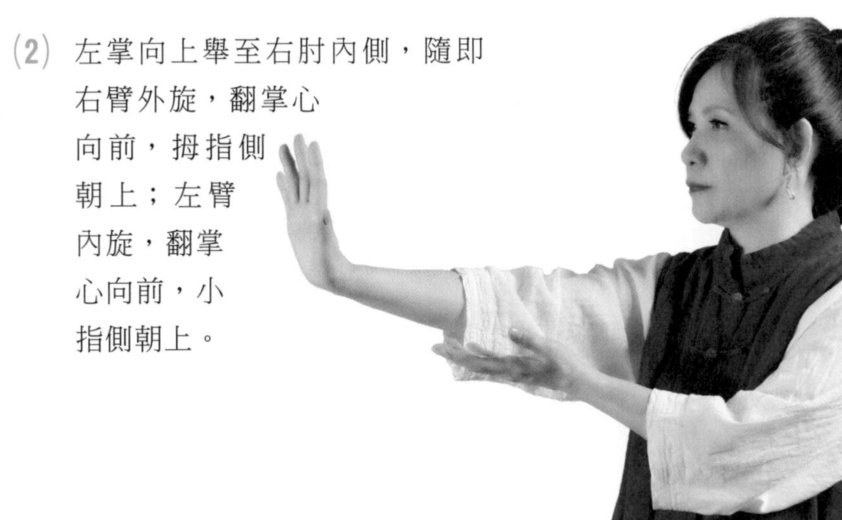

(3) 身體左轉，雙臂隨左轉體，雙手由右向左水平橫擺後捋，目視兩手中間。

功法要點：

以腰帶動兩臂，根節相連，轉腕橫向捋手。

7 推掌練習

(1) 預備式：兩腳分開同肩寬，成開立步；肩臂自然鬆垂，兩手輕貼大腿外側，頭頸正直，下頦微收，精神集中，呼吸自然，目向前平視。

(2) 右臂屈肘叉腰，虎口向上；左臂外旋，直臂上舉至肩齊，掌心向上，目視左掌。

(3) 上體右轉，左掌隨體轉上擺，經耳側擺至面前，小指側向前，掌心斜向下，目視左掌。

(4) 左掌轉掌心向前，坐腕前推，目視左掌。

(5) 還原成預備式，左右掌交互練習。

功法要點：

推掌動作有轉掌和坐腕兩個過程，轉掌時掌心保持斜向下，轉掌心向前的同時掌根下沉坐腕，並且沉肩墜肘一氣呵成。

8 掤捋擠練習

(1) 預備式：兩腳分開同肩寬，成開立步；肩臂自然鬆垂，兩手輕貼大腿外側，頭頸正直，下頦微收，精神集中，呼吸自然，目向前平視。

(2) 左臂屈肘提起橫於胸前，掌心向內，拇指側朝上，左前臂稍向外掤，環抱成圓形。

(3) 左臂內旋向上、向左擺弧，掌心斜向下；右臂外旋經腹前向左擺弧至左肘內側，目視左掌；兩掌自左前向下捋，右掌捋至右胯旁，左掌捋至腹前，眼看左方。

(4) 身體右轉至正前方，同時右臂內旋，左臂外旋，兩掌翻轉屈臂上舉於胸前，右掌心扶於左腕；隨即再左轉身，兩臂左側擠出，臂撐圓，右掌心向外，指尖斜向上，左掌心向內，指尖向右，高與肩平，目視左腕。

(5) 還原成預備式，左右掌交互練習。

9 雲手練習

(1) 預備式：兩腳分開同肩寬，成開立步；肩臂自然鬆垂，兩手輕貼大腿外側，頭頸正直，下頦微收，精神集中，呼吸自然，目向前平視。

(2) 上體右轉：同時兩臂屈肘上抱，右臂內旋，右掌經面前劃弧至身體右側，掌心向外；左臂外旋，左掌經腹前移至右肘內側，掌心向上，目視右掌。

(3) 上體左轉：同時左掌自右經面前向左劃弧至身體左側，手腕同肩高；右掌自右向下經腹前向左劃弧至左腹前，掌心由外轉向內，目視左掌。

(4) 收式：上體向右轉向正前方，兩臂隨體轉平舉於身前，掌心向下，隨即兩掌經胸前下按至兩胯旁，目視前方。

功法要點：

雲手動作要注意以腰帶臂，兩臂上下手交互劃圓要自然協調，保持立圓的結構。

貳 六合太極　應用篇

圖片提供 / 吳美玲

有鑑於現代人身心都太過忙碌了，無法如同前人一般投注時間精力自我陶冶和鍛鍊，但尋求健康的需要又是如此迫切，作者依據個人數十年紮實的太極拳習練和教學經驗，從中擷取切合時人需求的元素，為讀者編寫容易入手的「養生錦囊」。大繁從簡，試試從這裡展開「找回自己」的浩大工程吧！

練一套拳走了一趟人生

練一套拳如同走了一趟人生，一個人之所以能成功是因為懂得進退，要練好一套六合太極拳屈伸進退都急不得，看似彎曲的動作卻須有直線的觀感，看似直的動作內在其實是圓。人生處事處處常以圓融來化解難事，簡單中也有難度，就像每天的日常生活看似簡單，卻是環環相扣，從最簡單的談起，早晨如果貪睡一下錯過了時間，那整天的行程就真的全亂了。

習練六合太極拳的心境技藝乃一動不如一靜，如手之曲伸，足之進退，身之開合，旋轉顧盼，皆須上下相隨，內外相合，不疾不徐，動作連綿不斷，完整一氣，以始為終，無一絲一毫拙氣拙力，一動一動（編按：六合太極每個動作間都是一個接一個連綿不斷，故稱之為「一動一動」）間慢慢琢磨方解其意理。

做人處事亦應如是，越急的事情越需要平靜燥氣，讓頭腦冷靜慢慢處理，就如同越困難的學問越需要花費更長的時間去尋找文獻資料或科學實證來佐證其源由。做學問是這樣，經營一個美滿的家庭不也是這樣？以始為終，不疾不徐一步一步朝著目標前進，在一開始就設定好一個美滿家庭的景象，朝著這個目標夫妻上下相隨，內外相合，慢慢經營一個圓滿的家，柴、米、醬、醋急不得，都得一點一滴慢慢琢磨耕耘才能築起健康圓滿的甜蜜家園。

六合太極共有三十八式，得從行步進退去理解步法牽引肢體運行的方式，跟著須理解上肢體——手的擺放與動作的巧妙安排、再往上就是頭頸的支撐與位置，從肉眼淺顯的外在肢體去模擬，再進入套路，一動一動地透過全身肢體與左右腦連結去完成，得按步就班用心去感受與領悟方能進入更深層內在感受，想要練好是急不得也。這裡雖然因應現代需求提供了簡易版的太極養生錦囊，但諸位若能由此體認到回歸本源的重要性，幸甚！

一 太極養生錦囊：虛領頂勁——改善肩頸僵硬、痠痛

在3C科技不斷翻新的趨勢下，一個人不懂3C產品似乎就會陷入與世隔絕的窘境，雖然居住在都市裡，但感覺卻如同住在深山裡一樣，不知道世界已進展到哪種階段，外界此時正處在什麼情況。

回想幾年前要出門採買必須先去銀行提領現金，有現金才覺得安全，才能盡情買買買！但現在要血拼只需要一張卡或是一支手機，想買什麼都可以！行遍世界也沒問題！進了辦公室看到的是每個人辦公桌上都有一臺、兩臺電腦，如果做繪圖、資訊工作的甚至同時有三、四個螢幕，供人悠遊行走於科技的種種便利之中。

為了追求便利、效率現在人們對於3C產品的仰賴與需求增加，因此肩頸僵硬酸痛就成為現代流行的職業病。常常一進了辦公室就電腦開機，到關機時已經是中午用餐時間，這時候肩頸早已疲憊不堪了，如果左右搖動紓緩一下還可以聽到嘎嘎作響，這時你會驚覺到脖子好痠喔！肩膀好緊喔！

如何以正確的方式來面對每天忙碌的3C上班生活，減輕頸椎僵硬、肩膀痠痛？在太極無重力的生活中，我們可以採用讓人正常自在的「**虛領頂勁**」功法。

功法說明

無論坐姿或站姿皆可，將身體軀幹自然伸直，以意念領氣進入丹田，再將丹田的氣向上導引，經過胸腔、咽喉到腦門中間的百會穴，此刻你的頭部自然可以無重力狀態伸直，同時肩膀自然放鬆下墜，不再端著肩打電腦。人的頭頸肢體能中正，能由丹田引氣至腦門，精神自然能安舒沉穩。

二 太極養生錦囊：含胸拔背——改善胸悶、腸胃不適

在無重力的太極生活中，「含胸拔背」可以帶來的是一個正確的走路姿勢。「含胸」要求的不是將胸部內縮，而是你必須將兩肩自然下垂，用意念引氣沉入丹田，這時胸膛就能自在回到人體原來正確的位置，你不必刻意去挺出胸膛，也不必刻意將左右兩肩內夾使胸呈現出內凹狀態。

或許你會覺得「拔背」應該是將力氣全部施展在背部，使背挺出，但這已違反太極無重力生活哲學的要求。在無重力的生活中我們所追求的是：不強迫身體各器官違反人體構造的力學與人體器官的排列組織原則。

「拔背」指的是以意念帶領自我的氣，將氣引到自身的背脊，而後讓氣貼緊、順沿背脊而下。如想要讓所引的氣更貼緊背脊，最好將下頦微微後收，使氣能更清楚地順著背脊從上往下流竄，氣感足的人還可以感受到引氣而下，就如同溫水從上背脊往下穿流而下的溫熱舒暢感。讓你的氣是緊貼背脊運行的，這就是太極無重力生活哲學中的拔背功法所追求的效果。

如果我們走路時都能做到「含胸拔背」，就不會看見許許多多人走路時駝著背、凸著肚子，或者彎著腰拖著身體。

人體器官是很微妙的，當一個器官走位、偏離了原來的正確位置時，會牽引旁邊的肌肉進而影響到鄰近的器官，然後因為長期的姿勢不良，慢慢累積使得身體內外都受到影響。內部所受影響，我們常聽到的是腸胃不適、胸悶、腰痠等等；而外在則是身型的佝僂，腰彎則背駝，這是我們在人體外型上常見的問題。

面對這個日常生活裡常見的問題，我們如何恢復正確的英挺走路姿勢？在太極無重力的生活哲學中，我們可以勤練「**含胸拔背**」功法。

功法說明

「含胸拔背」屬於太極拳的基本功法，初學者可以先習練氣的感受，站立或坐著皆可練習，首先深深吸一口氣再用意念將自我的氣感慢慢引入丹田，氣入丹田後兩肩自然下垂。再將氣從丹田引領至背脊，重複練習深吸長呼引氣順氣，爾後再練使氣從背脊上往下的帶領，氣由背脊上往下帶時下頦微微內收，此時胸自然呈現含胸，而背又因引領氣緊貼背脊，使背脊可以感受最佳氣的竄流拔背。練氣心法：以心行氣務令沉著方能收斂入骨，以氣運背脊務令順遂方能便利從心。

「含胸拔背」在動作的功法上可以勤練左右摟膝，兩腳開立與肩同寬，左腳往前邁步時右手手掌掌心向前推出，此時左手手掌心向下經過左膝畫一個半弧形收回來左胯，同時保身體重心站穩，再換右腳往前邁步時左手手掌心向前推出，此時右手手掌心向下經過右膝畫一個半弧形收回來右胯，同時保身體重心站穩，每天可以勤練5~10分鐘，可以改善胸悶、腸胃不適和身形駝背的狀態。

三　太極養生錦囊：雲手——改善頭痛、視力問題

小時候常聽長輩說：講話下巴翹那麼高，是哪裡不開心嗎？他們總是叮嚀講話時下巴要收一下。原來老祖宗們早已流傳給我們這個智慧，他們早已認知到人類如果長期講話慣性下巴上揚，會使頸部後方的伸肌收縮，所以如果保持這個姿勢過久，頸部後方的肌肉就會容易緊繃跟縮短，而長期維持這樣的姿勢自然容易造成肩膀和脖子痠痛。

現代人3C無法離身，人手一機已是現代人生活的基本需求了，沒有手機沒有安全感，無論在什麼場所我們隨處都可以看到有人正頭向前傾、伸長頸部往下盯著手機螢幕，也許是在回訊息、玩遊戲、追劇、處理公務等等，大家什麼都仰賴手機。

長久以來不論是看書還是看手機，我們都會將頭往前伸後再往下看，這是一個很自然的動作，尤其是看手機時通常都是以頭就手，手放哪裡，自然的頭就往那個方向看，而長期這樣看手機久了肩膀和脖子會覺得痠痛僵硬，這就是肌肉使用過度的警訊了！肩膀僵硬會阻擾血液的流動，肩頸隨著就會感覺很緊很緊、很酸很酸，時間久也會影響心情，於是生活也跟著受到影響。

我們也常聽到腦神經內科醫師說，長期低頭族容易造成枕神經痛，所謂枕神經痛，是指頭部後側的大枕神經及小枕神經因受到壓迫或被肌肉群卡住而引發疼痛，有時還可能伴隨視力模糊、對光敏感、眼睛後方或兩側太陽穴疼痛等。

在太極無重力的生活中，有什麼正確對治方法？我們可以常常自在練習「雲手」這個功法。

功法說明

首先兩腳開立與肩同寬並鬆腰，以腰帶動肢體，兩腳原地不動，兩手互相交替；身體向左轉時，右掌經由胸前移向左側（右掌在左時帶領脖子緩緩向左），再翻開手掌隨腰緩緩移動回右側，左手則放回左側；然後身體換向右轉，左掌經胸前移向右側（左掌在右時帶領脖子緩緩向右），此時左手掌心向下、右手掌心向上，兩手手掌成一陰一陽。每天這樣子左右交替重複練習，可以舒緩因肩頸僵硬而產生的痠痛。（詳細動作分解說明可參見本書第101頁「基本技法9：雲手練習」。）

四 太極養生錦囊：鬆腰沉肩——改善脊柱變形、駝背聳肩

雙手提物這是每個人都會有的經歷，尤其是在傍晚下班的時刻，常可見到許多人提重物時沒有使用到對的身體部位來施力。

你的眼前可能正好有位女性上班族，左手透明提袋裡有五個百貨公司美食街的餐盒，右手提著一部手提電腦，肩上還掛著一個挺時尚的名牌包，那應該就是他平時上班的隨身包包，容量還蠻大的，裡面塞得鼓鼓的，看起來很沉重。從她手臂上出現的肌肉線條，尤其是手背上一條條浮凸的血管，都可以清楚看得出來提袋或背包的份量真的有點重。

在傍晚下班時段的馬路上或是捷運站候車月臺，放眼望過去這樣的身影似乎隨處可見，站在那人旁邊你隨時都可以感受到他或她身上可能帶著的壓迫感，可能是她腳上的高跟鞋似乎無法承受全身的重量，又說不定因為左右手裡提的物品真的太過沉重，使得他脊柱無法挺直或是已經出現慣性聳肩，身型因此看起來有點脊柱外拱（駝背），也或許是因為穿高跟鞋使得她身體重心有一點向前傾。

有些違反身體構造的生活習慣會慢慢對脊柱造成一些傷害，使得人體脊柱因此逐漸變形，又因長期的提重物施力點錯誤，導致聳肩、高低肩，進而使身體循環系統受阻。

這些錯誤動作主要是牽引到脊柱，脊柱變形又會影響到身體外在的展現；脊柱定位挺直，展現出來的身型就會挺直。當你長期以脊柱協助發力去提重物，日子久了脊柱就會走位，人體的身型也會跟著出現扭曲、駝背、聳肩等變形。

聳肩是負重後最常見的外在展現，當你長期維持在駝背、聳肩的身型狀態下，帶動生命能量流通的脊髓就會受到阻礙，而脊髓無法順暢流通有時會影響到身體神經系統正常的傳遞功能，嚴重時可使肢體的自在行動受限。如何以正確的方式來處理日常生活中常要面對的提重物問題？在太極無重力的生活中，我們可以從意念啟動「鬆腰沉肩」來舒緩脊柱承受的壓力。

功法說明

腰為人體之軸，以軸為始，以意念引氣入丹田，將力量下放從丹田到雙腿為力的源泉來牽引肢體的動作。無論在什麼動作下，只要腰鬆了氣就不會上浮，雙腿著地也就有力，提重物時東西越重時越要注意將身體力量下放至腰部以下，同時兩肩放鬆、氣下沉，左右肩平衡了脊柱自然跟著挺直。

平日如何練習鬆腰沉肩？

（1）雙腳打開與肩同寬；
（2）提肛小腹微收；
（3）以腰為輪軸左右繞圈；
（4）鼻吸口呼自然順氣；
（5）深吸時肩往上，呼氣時肩放鬆往下；
（6）每日勤練5～10分鐘。

六合太極有個拳式能幫助鬆腰沉肩，各位平日可以勤練左右「野馬分鬃」，雙腳開立與肩同寬，雙手抱球於體前此時右手掌心向下，左手掌心向上呈抱圓球狀，左腰帶動左手向身體左側伸開，再將左手收回體前換左手在上右手在下呈抱圓球狀，再從右腰帶動右手向身體右側伸開，每日重覆5～10分鐘可以強壯腰、腎。心法：腰為人體動作之軸，軸穩身健強體。

五 太極養生錦囊：正念減壓——改善副交感神經失調、氣血不順

心法

「心」為一身之主，心即心意，
非其他器官可代，養心以減壓為首。

生活上免不了會有壓力，視覺壓力、聽覺壓力、環境壓力、工作壓力……等等，不勝枚舉。

每個人都想釋壓，都懂得壓力太大會造成身體的副交感神經失調，也當然知道失調時我們的身體健康會亮起紅燈，從頭到腳都有可能出現不適，首先是肌肉痠痛、頭痛、頭暈、耳鳴、喉嚨異物感、皮膚發癢、心悸、胸悶、呼吸不順、腸胃功能不佳等等，甚至於全身都可能會出現無力倦怠、晚上常會失眠、情緒容易處於低落狀態，這些都可能與壓力有關。

這些過程我幾乎都經歷過，當然也因為曾經失去過健康才懂得珍惜，也懂得所謂健康才是財富這個道理。

年輕創業已是一件不簡單的事，更何況所有的經費都是自己多年累積而且還是唯一的積蓄，於是「只許成功不許失敗」這幾個字就在心中烙印下來，挽起袖子每天晝夜不停的拚事業，結果也拚出一身病痛。

現在每天早晨我們總是能見到許許多多上班族因為趕著上班而沒時間吃早餐，這些男男女女手上提著早餐去趕公車、趕捷運、趕紅綠燈、趕趕趕……，凡事都是分秒必爭，這種現代都市人的生活模式，無形中已造成生活上的壓力。

其實每個人的生活壓力都是在不知不覺中一點一點堆疊起來的，越疊越高而不自覺，總以為自己可以扛得下，從而造成身體與精神的壓力。

我們總是會對自己說「沒關係再等一下」，等這做好再去上廁所，等那完成再去吃飯，等趕完這份報告就去喝水……生活中太多的「等一下」，不自覺身體中已產生壓力，常見的偏頭疼、肩頸僵硬、腰痠、背疼等看似輕微的小毛病，其實已經是身體在亮紅燈發出警訊了，長期放任壓力這樣在身體中遊走，久而久之也會讓我們失去了健康。

要如何自我減輕生活中的壓力？首先要正視延續生命的最基本元素——呼吸與自我的心性調整。

人體的生命延續是從呼吸開始，太極無重力生活哲學是以演練太極拳架為養生的起點，而拳架的演練是以心念去帶動全身肢體動作的快慢與連綿不斷，這是讓身體的氣與血完美運行，以達到養生的最佳功法。

功法說明

在演練拳架的過程中保持正念思考才能使心定，然後在緩慢與快速的動作接續中運用心與意念的結合，使呼吸受心念自在平穩的啟動，可以保有穩定的頻率，從而讓身體放鬆、心靈沉靜，在一吸一呼中自然展現出拳架功夫的外架動作，從容順暢可達肢體末梢的內在行氣運血，可以釋放出身體與內心的生活壓力。

太極拳不僅是形體上的運動鍛鍊，更是心性的觀照和調整，從內在的正念定心到呼吸和肢體都要達成整體協調交融。

六 太極養生錦囊：玉女穿梭——改善手腕手肘痠痛、五十肩

由於疫情的關係人跟人要避免實體接觸，這時候網際網路的線上會議、遠距教學、遠距互動已是不可避免的事了，大人小孩全守在小小的電腦螢幕前，一坐就是七、八個小時，每天有敲不完的鍵盤，滑不停的滑鼠，不僅是眼睛疲憊，手腕、手肘、肩膀全都僵掉了，一整天食指和無名指來來回回數不清按了多少下，而且都是維持一個固定的姿勢，無法變換手指，慣性都以食指和中指按壓、大拇指小指扣住滑鼠，這樣長時間不停地使用滑鼠，你是否常會感覺手指和手掌間有一點發麻？你這感覺我想很多人也都有，這就是電腦科技所帶來的後遺症，亦即俗稱的電腦手、滑鼠肘。

這個症狀在醫學病理上被稱為「腕隧道症候群」，因長期固定姿勢使用滑鼠導致手腕部過度勞損，從而引發腕管狹窄、正中神經受壓迫的問題（正中神經，指的是人體上肢唯一穿過腕管的一條神經），因為神經長期受壓迫，日久便產生手腕疼痛、手掌發麻以及腕關節、手指伸屈受限的毛病。同時由於手肘長時間維持放在桌面上的姿勢，肩膀端在空中的時間一久，脖子也會跟著變得僵硬，而肩頸長期僵硬又會影響頭部氣血循環，當頭部氣血循環不好時人就會頭暈，日子久了心情也將受到影響。

在太極無重力的生活哲學裡，可以借重「**玉女穿梭**」這個上肢體的拳式動作來讓上肢循環順暢，改善手腕、手肘和肩頸的痠痛。

功法說明

首先兩腳開立與肩同寬站穩，兩臂下垂，右手手掌向下往體前伸直，再往右後方畫圓到腰，手掌心向體前指尖向下，轉指尖向上，手掌從腰部往前往斜上方推出至體前左側，右手推動的同時左手手掌心向外上舉至頭頂額頭上方，深深吐氣，兩手下落回身體兩側。

將左手手掌向下往體前伸直，再往左後方畫圓到腰，手掌心向體前指尖向下，轉指尖向上，手掌從腰部往前往斜上方推出至體前右側，左手推動的同時右手手掌心向外上舉至頭頂額頭上方，深深吐氣，兩手下落回身體兩側。

每天可以反覆習練3~5鐘，就可遠離手腕、手肘、肩膀痠痛，讓頭腦清晰。

七 太極養生錦囊：靜心——改善煩躁焦慮、緩解心理壓力

人體的血液無時無刻都在運行，血液隨著血管流遍全身各部位，無論是粗大的血管或是微小的血管，倘若都能維持順暢，可以不分晝夜持續而且順暢的提供人體細胞所需要的養分和氧氣，當然也同時能將身體的廢氧廢物回收，那該有多好？

如果每個人的身體血液可以如此暢通，那大家真的就都可以健健康康活得長長久久，自古以來眾所推崇的道家長生不老的養生哲學也就可以兌現了。

然而緊湊的生活腳步搞得現代人每天全身都上緊發條，繃緊神經跟著時間在賽跑。

就從國小兒童來說吧！每天早晨六、七點就得起床，八點就要到學校開始一天的課，好不容易下午四、五點下課了，安親班老師已經等在校門口，直接把人接到安親班寫作業、補習等等，一番折騰下來已經搞到晚上七、八點，不僅是孩子累了，剛下班的爸媽更是得拖著疲倦的身體來接孩子回家，這樣子結束這忙碌的一天。這個場景在現代都市生活裡處處可見。周而復始的生活不要說孩子長不好，爸媽也是身心都很疲憊。

根據美國休斯頓貝勒醫學院研究報導人體的細胞分裂速度會影響到人壽命的長短，健康的細胞分裂是緩慢的。而太極無重力的「靜心」功法想要達到的目的，就是透過靜坐去觀自己的心，靜坐靜心可以使人體的腦部結構改變，讓身體的血液重新流暢，細胞分裂減緩，這是透過許多科學研究所顯示出來的，而且有越來越多醫師推薦孩童學習靜坐，藉此增加專注力、學習力，促使求學過程達到良好的成就。

靜坐靜心對於一般上班族可以釋放工作與生活所造成的壓力，而對於銀髮族而言，還可以是預防、延緩或至少能夠控制長期性疾病，如心臟病、憂鬱症、恐慌症以及其他生活壓力所造成的心理疾病等病痛的舒緩方法。

人的生活習慣是一點一滴慢慢養成，逐漸形成一種所謂的生活行為。想要身體健康，首先要先聽一聽心的聲音，倘若心無法隨著血液慢慢順暢自在的遊走於身體各個器官，那身體怎麼可能健康？如何聽見心的聲音？

功法說明

在太極無重力的生活哲學裡，首先養成習慣，每天讓自己有幾分鐘短暫的發呆時間，放下視覺所看的、聽覺所聽的，尋一處安靜的位置聽一聽心跳的聲音，慢慢深深的吸氣，再慢慢吐氣，反覆嘗試聽一聽心所要給你的訊息是甚麼？

習慣每天晚上睡前能發呆幾分鐘後，再將這個時間轉換來靜坐。安安靜靜先用鼻子深深吸一口氣，然後將這一口氣從身體腹部肚臍下的丹田（約是三隻手指頭橫放在肚臍下方的位置），經胸腔、頸部上到腦門（頭頂的最上方）後，再由鼻子慢慢吐氣，從剛開始有意識的深深吸氣，慢慢提領氣到腦門，而後逐漸能自在的深深吸氣與吐氣。這個靜心功法可以從小開始習練慢慢養成。

八　太極養生錦囊：高馬步——改善氣血循環、強筋補氣

為什麼要蹲馬步？這是體罰嗎？還是為了提高身體素質？其實蹲馬步這個名詞自古流傳至今，對於大多數人來說一點也不陌生，尤其是練武術之人。

在電影裡常見少林武僧馬步蹲到與兩膝水平呈ㄇ字型，背脊挺得筆直，就像老師傅砌出來的百分百直牆一樣，一列一列每個都是完美的雙腳馬步ㄇ字型，這一幕確實讓觀看的眾目目瞪口呆，驚嘆不已！

但是除非是競技選手或是下肢已鍛練過的群眾，一般而言想鍛鍊下肢體強健其實不須要求蹲到兩膝水平，也可以從高馬步入門。

什麼是高馬步呢？在電影「葉問」裡我們看到甄子丹練拳，他膝微屈將身體重心往下沉，這個重心往下沉微坐的姿勢我們就稱之為「高馬步式」。

無論是高馬步或低馬步，只要持續鍛鍊，對提高身體素質都有明顯的效果。一般而言蹲馬步的成效來源於在維持「蹲」這個動作的時間裡，背脊是挺直的，雙肩是下沉放

鬆的，腰桿是直立的，只有尾閭輕輕提起；此式的作用是著重在下肢體肌肉群的強化，鍛鍊大腿與臀部肌肉群使其有力量，可讓日常生活走路、上下樓梯時更平穩。

當然蹲馬步除了提供日常生活中行走的穩健外，更可以促進氣血循環，往往在蹲馬步的過程中因為上肢體放鬆而獲得大腦短暫的放鬆，同時身體上肢體與下肢體一起一蹲的交替動作也可以帶動氣血流動，因此人的精神可以得到調養。而後透過雙腳施力時腹部肌肉自然收縮，腹部脂肪得以轉換成肌肉，使腹肌強化緊實，而長期練馬步可使骨盆肌肉得到鍛鍊，增加整個骨盆的血液供應量，除強壯骨盆之外，更可壯腎腰、強筋補氣、培養毅力和耐性，使精氣神更好。

就中醫的理論來說，人體體內氣血循環如果調理順暢，內分泌功能也會跟著增強，進而強壯身體內臟功能，因此定時定量的馬步鍛鍊可以讓體內氣血循環順暢。

無論是太極套路或其他功夫的習練，蹲馬步都可說是最基本的入門功，也有些人稱馬步為「騎馬蹲襠式」，但要怎麼蹲才不會對肢體造成傷害？動作要訣如下：

首先，兩腿平行開立大約兩倍肩寬，然後下蹲到自我可以承受的高度，以微坐的姿勢重心下沉、肩膀放鬆，腳尖朝前兩膝向外撐，膝蓋不能超過腳尖，尾閭輕輕提起，臀部微縮不突出，含胸拔背不刻意挺胸。

左圖為高馬步，下圖則為低馬步，兩圖可作對照。日常養生或太極拳初學者可由高馬步入門。

PART Ⅱ

太極與人生

太極當中蘊含著數千年無數前人積累的生活智慧，
從中參悟、擷取任何一片段，均足以改變自己的人生，
即便對高科技帶領下飛速變化的現代社會，
它仍然可以發揮關鍵的巨大影響力。
有不少人已從中受惠，將這樣的智慧實際運用來改善生活。

為了幫助讀者更容易理解太極，進而能夠加以運用，
吳美玲除了親自現身說法，回顧太極生涯之外，
更邀請了幾位不同領域的朋友談各自習練的心得和成果，
並且分享他們在生活、事業中延伸運用太極智慧的經驗。
期待更多人也能擁有太極智慧。

太極智慧分享

壹 無悔的太極人生

圖片提供 / 吳美玲

吳美玲
中華武術發展研究協會理事長

戲棚腳種下的學武根苗

兒時讀《三字經》裡的孟母三遷，心裡總想著這個孟母好喜歡搬家喔！略長時才了解到孟母「擇鄰處」的用心。現在回想起我對武術的熱愛，不也是起因於在外公家旁大廟口第一次看歌仔戲的驚艷嗎？那時大概我才六、七歲，但開心的記憶至今仍然十分鮮活。

外公是一位和藹可親的商人，非常疼愛我的母親，每次外公家附近有戲班來演出都會讓媽媽帶我們回去看戲，藉這個機會也讓媽媽回娘家休息享福，外公負責帶我們去廟口看歌仔戲。兒時總覺得外公家旁的廟好大好大，歌仔戲戲棚好高好高，小小的我總是跳來跳去嘴裡嚷嚷著看不到戲裡的主角，這時外公總會變出一張凳子讓我站在上面看戲，同時在我耳邊為我講解戲棚裡上演的劇情，但小小年紀的我早已被劇中主角給迷住了，總是嗯嗯啊啊隨口敷衍著回應他。

幾年後我們搬家了，新家附近也有一間廟，但這廟沒有外公家的大，讓兒時的我有一點點失望，還好這裡也有歌仔戲可以看，讓我忐忑的小小心靈安放了下來。但搬到新家後看歌仔戲沒有外公陪伴了，只能自己偷偷去看，可能是因為年紀稍長，對於戲中情節已能了解，尤其主角散發出來的仗義勇為的俠義精神更是迷住了我，在我小小的心靈裡烙印下一個美好的印記，那印記一直陪伴我至今。

後來附近大宅院裡來了位講國語的大叔叔，他能做跟歌仔戲裡一樣的動作，隔壁的哥哥姐姐們常約好一起去看，好奇的我也跟著去，從此一有空就會溜過去跟著大叔叔比劃歌仔戲裡的踢腿、翻身、弓馬步等等動作，有時候大叔叔還會教我們把很多動作串連在一起，非常有趣，可惜有一次因為不小心摔破膝蓋被母親禁足，她說我長大了，不可以再往外亂跑。為了這事我傷心了好一陣子，心裡總是掛記著鄰居朋友們傍晚可以去大宅院跟大叔叔學練踢腿、翻身、弓馬步，還可以爬到圍牆上玩的事。終於有次等到機會，趁著母親上街辦事我偷溜去大宅院跟朋友們一起練功，滿足了想練武術的慾望，不過那次回到家後很慘，被母親教訓了很久，還跪在地上罰寫好幾張毛筆字。

雖然不能再出去，但對於武術的熱愛並沒有遞減，中學時期假日裡我會獨自一個人去臺北新公園（現在的二二八紀念公園）大樹下看老爺爺們教人練拳，看著看著也跟著比劃起來，其實他們說的國語有些我聽不太懂，但會努力去揣摩是什麼意思。公園裡大樹下有很多人都在練武，大人小孩男的女的都有，如果發現有的人動作很好看，我會站在旁邊多看幾眼。

有位老爺爺教拳時不太愛說話，可是當我們做的動作跟他所教的不符合時，他會很用力地敲我們的頭，然後說一些更難懂的術語。後來課業慢慢越來越重，加上平日裡白天要上班、晚上要上課，也就無法常去找老爺爺了。有一次月考後剛好有空過去卻找不到人，之後因為換了新工作，同時搬離新公園附近，也就沒再回去找他了。

從「國術」到「武術」——一場大病帶來的領悟

因為家境變遷的關係必須半工半讀，使我的時間變得非常緊湊，在工作學業兩樣都得兼顧的情況下連假日都得用來讀書，練拳也就變成自己偶而在宿舍裡比劃比劃的休閒，但宿舍空間實在是太小，每次都免不了會干擾到其他室友，於是自己也就逐漸疏於練武了。

在一場大病之後，真正認識了中國傳統武術的珍貴價值，吳美玲習練武術益發積極勤奮。

長大後全心計畫著如何賺進第一桶金，跟著朋友、同學嘗試各種做生意的方式，失敗了成功、成功了又失敗，從中慢慢摸索出做生意的道理，當時正逢臺灣經濟要起飛，再加上國文老師的建議，最後再次創業就選擇了服務業。那時國文老師是我們的導師，他也是高等法院的法官，晚上在我就讀的夜校兼課，平日裡我們遇上甚麼困難總會去請教老師，經過他的剖析指點，我心裡牢記下服務業的三大要素：真誠、勤奮、毅力。因為謹記老師的叮嚀，後來我們幾個創業的同學也都有所成就。

由於從小喜愛跟著母親聽故事，長大後就自己學習閱讀，從書中去探索故事的情節，所以第一個打工的工作就選擇在書局，後來在選擇長久的事業時也就自然從印刷業入手，往來委託印刷的業務大都是臺大、師大校園裡的書籍、刊物印刷品等，也是在這時候我認識了住家隔壁的楊氏太極拳太老師——王子和教授，以及楊式太極拳第五代傳人鄧時海教授。當時每到傍晚常可看見太老師教授學員推手，他勁力一出就能將學員彈得老遠，後來為此太老師還刻意在牆對面加裝一片厚厚的塌塌米，當勁力太強學員彈到牆上時可以緩衝一下力量。

因為曾幫鄧教授出版印刷他的大學論文，後來又協助出版有關楊氏太極的書籍，跟教授逐漸熟悉之後，他知道我習練武術的事，勸我學武還是要找有門有派的才好，不要淨學些雜七雜八的功夫，那些充其量只可以說是廣義的「國術」。當時我才知道教授師從的是楊氏太極楊澄甫老先生的

門派。因為這個緣故我拜鄧時海教授為師，重拾起記憶中修練武術的俠女夢，每日清晨五點五十分風雨無阻準時抵達師大武場開始練功，走入楊式太極拳的武術世界。

學習太極拳架那些年正值我的事業巔峰期，每天工作動輒十幾個小時，有時遇上案件太多時還常二十四小時輪班，偶爾會感到體力無法支撐，於是就在有一次剛完成大案件交貨後，隔天清早突然發現自己無力起床，躺著休息一整天後情況不但沒有好轉，反而變得更加嚴重。當時腦子很清醒可是嘴裡卻說不出一句話來，緊急送醫折騰了好幾天也查不出病因，最後只能帶著一些營養品回家休養。那時家人因為心中焦急，還曾到幾間廟宇尋求偏方，但始終不見成效。恰巧我平日裡常去協助的一位中醫師——陳紬藝醫師知道我病了，親自到家裡幫我看診，他研究的是自然療法，經診斷後確認我的病因是身體氣血循環受阻，於是為我針灸、燻艾條並開了處方給家人抓藥，經過一段時日調養身體慢慢有了元氣，這才逐漸可以說話。

這期間恩師鄧時海教授亦來了解病情，他再三叮嚀我要用意念動一下手腳，就如同練太極拳時用意念去引領動作一樣，當時因為突然病倒自己特別聽話，每天都會不斷回想太極拳的動作，並強迫自己用意念動動這動動那，配合按時針灸、薰艾、喝水藥，終於慢慢可以起床，可以生活自理了。

重獲健康後我更懂得了老祖宗的智慧。中醫的針灸、薰艾是多麼奇妙的治病原理，如果沒生那一場大病，我根本不會去看中醫，而雖然多年習練武術，生病前還曾協助恩師鄧時海教授匯整太極拳架資料，以及將楊氏太極相關理論與淵源匯編成書，在字裡行間來來回回走過無數次，對於太極拳架的理論意念也算略懂，但並未真正深入融會貫通。臥病期間接受中醫治療，再加上用意念打太極拳，學習用丹田吐納行氣幫助身體氣血運行，雙管齊下身體淤氣慢慢獲得疏通。

在生病這半年裡我不僅對中醫產生興趣，對於武術更有了強烈好奇，當時正巧恩師鄧時海教授成立中華武術研究發展協會（這個協會可說是臺灣武術的推手），在協助教授進行行政和文件彙整工作時，我認識了六合門第五代掌門人徐賢龍老師。六合拳是外架功夫，演練起來大開大合全身筋骨備感舒暢，頓時勾起我兒時的回憶，這身法跟大宅院裡那位叔叔當年教的動作好像有點相似！

而後我跟隨徐掌門人練起長拳、棍術、劍術、刀術、槍術、峨嵋刺、匕首、雙節棍等等各式武術套路，對於武術越發感興趣，在幾次受邀於中華武術研究發展協會承辦的比賽活動中擔任工作人員後，更進一步接觸到競技武術，為了考取進階教練證，苦練競技武術的太極拳、甲一長拳、南拳、散打，經過一段時間廢寢忘食的惡補我終於順利考取證照，這時武術已然是我生活的重心了。經過這段時間勤練武術，原本就有的先天性心臟缺氧（二尖及三尖瓣脫垂）以及心律不整的毛病也都不常再犯了，因為自己修練武術受惠的親身經歷，幾經深思熟慮後我決心投入武術的推廣教學工作。

自利而後利他的武術推廣之路

恩師鄧時海教授知道我的決定後多次表示反對，他再三為我分析這條路有多麼辛苦，希望我考慮清楚再投入，以免日後因無法承受而感到沮喪挫敗，當時的我意志堅決，一再懇求，經過數年後恩師最終還是協助我去臺北市幾所國小探訪，並取得晨間及體育課時段在校內開設武術課程。當時教育局還未開放課後社團以及多元課程，所以校方無法支付授課老師車馬費，完全是義務教學。因為一開始教的是小學生，每天跟學生們相處，聽著他們童言童語，日子過得很快，一轉眼兩、三年過去，親眼看著小朋友們從不會武術到可以在校慶時表演一套完整的拳術，從調皮搗蛋的小霸王到變成遵守紀律的乖巧模範，讓人打從心裡疼愛，原本的班導看見孩子的轉變還特地來觀摩我的教學。

也因為這次經驗我信心大增，後來自掏腰包請託幾位同門師兄弟，在更多學校教授武術，而後學習武術的孩子越來越多，為了鼓勵這些孩子，並給他們一個互相交流的舞臺，我們開始辦理校際武術聯賽，同時也帶著他們到其他學校表演。記得有一年孩子們在臺中表演非常成功，隨後便接獲臺北市教育局邀請到臺北市幾所小學巡迴演出，讓臺北市的小朋友認識武術，成效非常好，獲得許多所學校校長的認可，後來他們支持我推展武術的理念，共同推動教育局在各校開設武術課後社團、校隊、體育班，從此每位教練在校教授武術都有了鐘點費，我也不需要再自挑腰包支付各校教練費。

利用國小體操時間教授武術課程後得到豐碩成果，發現小朋友不只身體健康獲得改善，品格心性也有了提升，促使吳美玲更確定要以推廣武術為未來職志。

隨著在各校授課成效獲得認可，吳美玲終於不必再自掏腰包付教練鐘點費，武術推廣的路慢慢平順開闊起來。在2002年當時的馬英九市長還親自頒發臺北市傑出市民勳章。

但隨著學員人數不斷增多，校際比賽所需經費日漸龐大，只好開始向參賽學員收取報名費，每人兩百元，至於其餘比賽經費不足的部分仍得自掏腰包，經濟上的負擔很重，直到十五年前校際武術比賽更名為教育杯武術錦標賽，教育局承擔了部分比賽經費，我才可以鬆一口氣。如今我們除了每年承辦教育盃武術比賽外，還有全國中正盃武術國術聯賽以及省市級的青年盃、中正盃、教練證、裁判證的考核等武術活動，經費仍然大大不足，所幸各界愛好武術的親朋好友們經常願意慷慨解囊支援活動經費，讓武術文化得以繼續擴枝散葉。

這些年因推廣武術曾受邀帶學生本島巡迴表演，也去過歐洲（葡萄牙、西班牙）、美國、泰國、香港、澳門參與文化交流演出。同時自己有幸能跟河南省鄭州體工隊國家級金牌教練李德成老師學習劍術，向陳式太極拳第十七代傳人陳佩菊老師學習劍術、太極拳，鄭州體工隊武術總教練王洪領學習八卦掌、上海體育學院楊柏龍教授學習八段錦氣功、首都大學茹凱博士學習氣功六字訣。當中最為幸運的應該是透過恩師鄧海教授認識了林素樸老師，前青島國術館副館長姪女，也是河南省武術館副館長，老師除了武藝高強更是位飽讀詩書的俠義前輩，可說是我這一生最欽佩的女性長者。

記得有一年林老師知道了我在研究氣功，在我前往鄭州時特地引見一位非常懂得氣的運作循環的賴前輩，雖然那天因為一大早四、五點就從臺北出發，抵達鄭州時已是晚飯時間，身體著實有點疲累，但聽著賴前輩非常有專業又有經驗

隨著國內外巡迴表演的次數增加，不只國內學員人數不斷增多，也開始有世界各地學員前來追隨吳美玲（前排左一）習練武術，武術文化擴枝散葉的規模日增。

的敘述，同時看他示範操練練氣的方式，旅途的勞累早已拋諸腦後，我不斷請教直到子夜時才在林老師的催促下打住。非常感謝這些長輩所給予的無私提攜教導。

常有人說從人受胎的那一刻起就已決定了貧窮、富貴或安逸，幼年時雖然家境變遷，但感謝外公引領我走入武術的園地。一齣歌仔戲主角散發出的俠義精神在我心裡留下了美好印記，多次因緣際會下我與武術一次次邂逅，再加上大病後的體悟，讓我憶起大宅院大叔叔常說的話：「以後長大要多幫助需要幫助的人。」我因此克服重重困難開設校園武術教學課程，引導稚齡孩童懂得尊重他人、遵守紀律，並勇敢突破，向專業醫師請益，嘗試用武術肢體動作幫助特殊生的前庭與延腦結合，讓注意力缺失症（attention-deficit disorder，簡稱ADD）、妥瑞症、學習緩慢、躁鬱症的孩子們獲得身心靈的健康與安穩，陪伴特殊生家長一起守護孩子們長大，過程中的點點滴滴都是促使我繼續往前走的動力。

如今已過耳順之年，回首走過的每一步都是精采充實毫無虛度，練武的過程讓我看到了生命裡豐富多樣的人性面，也因為武術讓我有機會去挑戰自己、不斷創新，在每一個艱困的關卡都能勇敢去承擔，更感謝這一路走來陪伴著我的親人、長官及好友們，中國傳統武術才能在臺北市校園、民間各社團、企業擴枝散葉。

桃李篇 1

太極不僅僅是運動，更是德性的操練、生命的學問

陳雅文
晨意設計公司創辦人

一日，與吳老師同在一場讀書研討會，記得當時的我身體出了些狀況，因為工作壓力大導致內分泌失調，經期問題困擾了我整整一個月，雖然我什麼話也沒說，但敏銳的她一眼便知。「Amber，妳是不是身體不舒服？」是的，書讀著讀著整個人又犯眩暈。老師二話不說為我把起了脈，接著她用太極將正氣導運至我的體內，我永遠記得那一刻，原本寒氣十足的身子竟然開始發熱，確實感受到有清晰的「暖氣」導入我的體內，整個人得到了舒緩，這是我第一次親身體驗，武術真能救人一命啊！

那日之後便開啟了我們的師徒之緣，我成為第十七代六合門子弟。

在中國武術中太極講的是「氣」，在西方則稱之為能量，氣與能量是眼睛見不著的，但神奇的是能量能使人達到身心靈健康。過去我每週上健身房兩次，在重訓當中並沒有獲得成就感，甚至曾因過度操練而導致眩暈、嘔吐，一直以為是因為自己身體不夠強壯，反而還更加倍運動，最後才驚覺這叫做體力透支。也就是說，強力運動只是訓練肌肉的表態，若我們體內中氣不足，反而可能會越練越累，長期下來身體將無法負荷。

宇宙生命萬物皆有靈魂，我們的身體只是乘載這靈魂的載具（一身皮囊啊），我相信好能量帶來健康。在這兩年多來的課程練習中，武術使我的健康狀態好轉許多，每一個肢體動作隨著身體血液的順流，緩慢而穩定地循環著，身體踏實感受到這股神奇的力量。常常是匆匆地進教室上課，最後總是平靜舒緩地離開，為一整天劃下最舒心的句號。

人的能量來自宇宙，日、月、星、辰隨之運行是永恆不變的道理，太極便是日與月、陰與陽的調和，能安定心神，讓我的核心回歸平衡。投身創意設計產業的我可說是經常用腦過度，自從練武之後，我學會運用氣的能量調節身心，排除凌亂思緒，因此靈感泉源更加豐沛。有趣的是透過身體動作的協調練習，思考邏輯還變好了呢！

武以養德，太極不僅是一門運動，更是德性的操練，生命的學問；人生不過數十個年頭，我相信太極能使人健康快樂一生一世！感謝自己有幸入門，就像吳老師與這班弟子的緣份，我想一定是透過美好能量所安排的。

桃李篇 2

動中有靜，靜中有動

林為倫
「MK 反轉外語」創辦人

時間過得很快，一晃眼八年過去了，想當年剛學太極拳時，還是個大學生，現已步入社會的殿堂，但對太極拳的初心卻未曾改變，一輩子若只學一套拳，那麼六合太極拳定是首選。因為一套太極拳可以從年輕打到老，不但能幫我們養身，使身體更健康，還能有額外的收穫；跟美玲老師學拳的過程中，除了學到太極拳套路，更大的收穫莫過於老師的課堂分享。老師每次在上課時，都會以自身的經歷或現今的時事勉勵、教導我們，同時分享她對於未來的想法以及各種人生哲學，這些傳授從學生時代至今仍覺受用無窮。

在學太極拳前，自己已先學過一年的氣功，因此更能了解以意領氣的感覺，其中氣功及太極拳最相同的莫過於「靜」，在習練時兩者都要求我們要心平氣和、平心靜氣，在打坐的時候更是如此，而這些靜的功夫卻是我們年輕人最難去學習的，因為年輕人往往血氣方剛，認為這些修養是老

人家在做的，但事實上並非如此，這靜的功夫才是我們最需要修習的一門學問。

當我們身心靈都沉靜下來的時候，才能夠真正的自我反思，省視自己有沒有犯了哪些過錯，或是在做事上有沒有可以更加精益求精的地方，而且靜的這門學問是可以陪伴我們終身的，當我們走到不同的階段時，對於這門學問也會有不同的領悟及想法，因此假若我們從年輕時，就可以先了解到這樣的道理，在做事上也能夠避免更多不必要的麻煩。

學習太極拳套路、招式除了有上述功效之外，還可以保健養生，同時更具有防身的效果，若想知道這箇中道理，各位勢必要身體力行來學習。但太極拳帶給我更多的是它內在的意涵，動中有靜，靜中有動，二者缺一不可，在現代忙碌的社會中，更該體會這樣的道理，才能讓我們身心靈皆充滿活力、能量。因此回想以來，很感謝當初有選修到太極拳課，才能遇上了我的恩師吳美玲老師，使我畢業後出社會至今，依然能運用太極所學，讓自己在健康、心靈上始終保持充滿能量且正向的狀態。

桃李篇 3

習武養德，讓身心靈達到平衡

李柏彥
中國人壽保險專業經理人

每次早晨經過公園總是有許多爺爺奶奶在打太極拳，動作優雅柔緩，我總是會停下來看個幾分鐘，覺得是不是年紀大了才適合學太極拳？我從小對於武打片有很深的興趣，總是會在家裡揮拳踢腳想像自己是片中主角，在這麼多拳術裡面，唯獨對太極拳我的印象就是一個字「慢」，總覺得不夠帥，不適合我這年輕小夥子，誰知道呢？人生就是如此，你越覺得不會是你想要學的，有一天它就是會來到你身邊！

就這麼剛好，在一次商務會議結束之後，我的好朋友張律師問我有沒有興趣學習太極拳？師父只收六名學生，我想也沒想就一口答應了，沒想到這一答應，「太極拳」就成為我生活中不可或缺的一部分，而我也成為了六合門第十七代弟子了！

從事壽險顧問工作的我，認真專注於工作及服務客戶，鮮少能夠放慢速度與自己的身體、自己的靈魂好好對話，好好的去思考每天的生活節奏，在入門學習太極之後，我發現太極不是慢，而是剛中帶柔，透過呼吸，讓氣流轉在身體的每個部位，學習太極的動作和對身體的操練過程，有緩慢但深化的重設功效，也有快速的回復功能，即使帶著一天工作的疲倦或是不順，透過習練拳法的過程與呼吸的調節，專注於每一個呼吸及套路，你的心將不再急躁，身心靈就像轉換了磁場一般，變得平穩放鬆。

開始練太極拳之前，我們都會做基本六式氣功來暖身，調整自己的呼吸，喚起肌肉的動能。太極拳使用到了很多核心肌群，提肛縮小腹、鬆腰等，在每個動作前師父會很細心的先透過許多教學輔具，如用中藥炒的綠豆沙包、長棍、踢靶等等來練習身法，讓我們了解在接下來的套路上如何用對施力點，而不讓肌肉代償，造成錯力或是受傷。我發現太極拳改善了我的平衡感、腿部力量，同時我的心血管耐力及肌肉靈活度也都有明顯提升，更重要的是改善我的睡眠品質、也增加了生活愉悅感，不會總是容易緊張或焦慮。在專心投入套路練習的過程中，我發現自己注意力也變得非常集中。

太極講求的是練「氣」，讓氣可以從頭到丹田到全身，我的氣色跟疲倦感也因為學習練習太極拳之後漸漸好轉，每次練完套路之後，美玲老師都帶領我們打坐調整呼吸，讓心更平衡，我也最喜歡在打坐時放空自己，用意念聽隨著美玲老師的引領把自己帶到充滿綠色竹林或是世外桃源。這個訓練真的不容易，起初一打坐，我的腦海裡馬上浮現工作呀或是今天發生甚麼事情呀，完全靜不下來，透過美玲老師一次次引領我們反覆的練習，才可以真正讓雜亂的心抽離、放空，靜心！

修習太極拳的過程，讓我真正了解到長輩所說的習武養德，習武不只是防身，重要的是讓身心靈都可以達到平衡，每次可能工作會議多，思緒不清楚，我就會先躲在一個空間裡面打一趟太極拳架套路，讓自己身心冷靜，調整好狀態再出來迎戰，真的很舒暢。推薦大家一起來學六合太極拳，讓自己的身體健康，生活才會開心，路也才走得長久！

太極智慧分享

貳 六合太極與美容美體的神奇結合——太極能量順氣 SPA

圖片提供 / 蘇宇羚

蘇宇羚 總經理
「美少苓 SPA」品牌創辦人

人生的機緣真的無法預測，誰能知道下一秒會怎麼樣！？

不常運動的我從未想過要學習太極拳，因緣巧合遇見吳美玲老師，得知她自幼習武又全心推廣武術讓許多人受益，同時與同齡人相較她的體力外型都更顯年輕、有勁，這點確實吸引了我。後來在一次「太極一號餐」研習課程中，發現吳美玲老師所傳授的太極拳與我以往的認知確有不同。這位俠女老師是以意念引氣來帶領肢體的動作，跟著她演練完一趟拳，除了可以使身體肌肉開展放鬆外，內心也得到踏實、平靜。

自小看著父母辛勤勞作，疲累、煩惱、病痛纏身，常心想如何幫助父母分憂解勞能擁有快樂和健康的身體。我高中畢業那年，當時正好有親戚從事美容行業，在母親的引薦下我進入了美容養生產業開始圓夢，非常感謝母親一路的支持與鼓勵。在這領域因為喜愛加上有些天賦，學習新東西速度很快，同時面對新事物挑戰也很有企圖心，所以在培訓、學習這階段我一路走來頗為順利。很多人可能認為年輕女孩想把自己弄得美美的，應會更喜歡投入美髮業或是彩妝業，但是我知道髮型、彩妝是外加在身上的「裝飾」，女人更須把自己的內在與健康調理好，才能由內而外真正散發出光彩與自信，而美容美體正是要幫助我們把這件事情做到更完美。

常聽俠女吳美玲老師說起她推廣武術也是從校園到社區、到企業界各行各業，我在美容業亦是從基層做起，對待客戶員工都以一個「誠」字出發。跟隨吳美玲老師學習太極拳這些日子，除了學拳也感受到她認真負責的處事態度，讓我回想起自己剛踏入美容業那段日子，接受訓練並實際操作站在第一線服務客人，每天都覺得很開心，滿腦子想的都是怎麼樣幫助客人改善肌膚與舒緩身體的疲倦，完全樂在工作，同時得到很多客人的反饋。

當時進入美容業的時間也正好是臺灣美容業開始萌芽的階段，而我就是在這樣的年代一步一步走出屬於自己的路，實踐自己的夢想，開創自己的事業。年輕力盛的我從來沒有想過美容師自己也是需要被照顧的。

記得是2018年在一個商會上，吳美玲老師自我介紹的第一句話：「我是有情有義的俠女」讓我至今記憶猶新，當時有五、六十人自我介紹，但從她身上讓我看見一個練武之人的簡潔德行和善良的特質，讓人很欣賞和佩服。

因此我開始跟有情有義的俠女吳美玲老師練太極拳，吳美玲老師並將太極拳的內勁與氣的引領搭配精油，與我所熟悉的美容美體SPA相結合，與我共同研發出太極能量順氣SPA來服務身體勞損痠痛的客戶。

太極與芳療的異曲同工

我的店幫客人做SPA時會使用精油、芳香療法等手法來服務客人，其實美容美體產業大都會將中醫與芳療做結合，都懂得十二經絡的原理，這與太極拳注重人體經絡氣血運行不謀而合。我的企業內訓練課程也會聘請中醫老師來講解十二經絡，公司內部同時也有培訓芳療講師，擁有加拿大、英國、芳香療法與孕婦按摩證照，以提升企業內的美容師技術與見聞。

美容美體業除了使用精油芳香療法之外，與太極拳一樣也會運用中醫十二經絡原理。

隨著與美玲老師逐漸熟悉後，我們就改稱她為美玲姐，感覺彼此較更親近了！常常聽她講述太極拳這個領域的理念和技法，讓我更驚訝地發現很多方面居然跟美容SPA產業十分相近。譬如我們都會談氣血循環、亞健康、養生保健，我談美容SPA的十二經絡時講陰陽，而美玲姐談太極時也講陰陽、氣的運行等等，內容大都一致，差異只在於她是以武術與身體對應來讓群眾健康，而美容SPA業是採用精油按摩、芳療等手法幫客人紓壓，都是要讓人身心靈恢復健康。因此，只要美玲姐有關太極的演講課我就會特別去聆聽，想要更了解太極拳的奧妙。

修養身心的正能量要分享給企業裡的家人

自參與「太極一號餐」課程圓滿落幕後，我開始認真考慮將太極拳引進公司內部訓練。首先期望企業內的美容師都能跟我一樣感受到太極的美好並照顧自己健康。

我從事美容業三十多年，由基層做起的我很了解美容SPA產業其實非常耗損體力，每位美容師在為顧客服務的過程中自己的身體健康多多少少都會受到影響，對我來說每位跟著我的美容師都像是我的家人，她們的身體健康也是我心上一件非常重要的事。公司內部除了規劃美容師培訓課程，為了照顧這一群似家人的工作夥伴也會開營養課程，讓美容師學會如何飲食，如何維持身體最佳狀態。

自從接觸太極拳之後，感受到太極拳所帶來的平靜與正能量，那是一股透過內在深度調理進而修養身心靈的正能量，個人覺得在養生方面非常有效用，因此也想與家人般的美容師們分享這個方法。而後開始將太極拳列入公司內部培訓課程，讓團隊所有店家的美容師與服務人員都一起來練習太極拳養生。

在練習太極拳的過程中，逐漸調整修復身體各方面問題，氣血也隨之恢復通暢。

我大概在三十歲生老大的時候，因為生產過程不順導致腰椎受傷，之後留下病根，每到變天的時候老毛病就會發作，身體疼痛不堪，連起床都沒有辦法，平常彎腰時手只能過膝蓋一點點，更是無法做到往後仰的動作，但是平常只是感覺到身體裡有氣被悶住帶不出來。在練太極拳時這些舊疾會發作，受過傷的地方會隱隱刺痛，尤其腰椎最嚴重，偶爾肩頸也會疼痛，太極拳有很多細微的動作就是不斷在調整我們身上的肌肉，使平常很少用到的地方都可以運動到，有時候課堂上美玲老師發現到學員骨盆歪斜，甚至有人是脊椎側彎，她都會用太極拳基本功法的動作來幫我們做調整。

我感覺到太極拳最神奇的地方就在於意念，它是用意念來帶動作。隨著動作會感受到身上的氣，我發現自己的上身和下身的氣沒辦法連通，上半身是熱的，下半身卻是冷的，全身的氣血循環在腰椎那一塊出現斷層，所以每次練習氣血在打通時都會發麻疼痛，反應很強烈，必須不斷練習到發汗為止，氣血才會逐漸通暢。持續練了兩、三個月我的狀況很快獲得改善，到現在練拳已經三年多的時間，自己的問題大概都已經解決，以往不能做的動作，現在都可以了。

我用自己跟美玲姐學太極拳的心得與公司夥伴分享，期望她們都健康並且將太極拳順氣引氣的能量引入SPA，初期得到的回饋是公司夥伴們四面八方的問號質疑，為了讓這件事情可以順利推行，我特別邀公司內部品牌教育廖總監美琇不斷的與美玲姐開會研討了解太極拳如何引氣與SPA的順氣，研擬出一份適合公司美容師們練拳的課程大綱，使用他們習慣的語言，透過各種不同的生活方式與經驗的描述，讓美容師更快理解並進入狀況，希望透過太極拳教學的引導，讓每位美容師感受到自我身體的變化以及正能量。

太極內訓練課程所帶來的功效

太極拳與SPA這段磨合的過程走得有些漫長，但是非常值得，不僅是店內的美容師連我自己在身心靈各方面都獲得全新的平衡。

在克服萬難利用上班時段安排美容師們跟美玲姐學習太極拳後，更了解太極拳的拳架與身體五臟的對應。記得為了訓練美容師們的核心肌群與腿功，要求美容師蹲馬步時讓大家備感壓力，因為美容美療師服務客人本就必須久站，現在還要撥時間來練習站樁蹲馬步，對他們來說真是加重體力的負擔！尤其太極講求氣與意的運行，在美玲老師的指導下對動作規格的要求也力求精準，加上公司教育總監的要求，每家店長均須嚴格要求自家店的夥伴加強訓練。一路看到夥伴們用心學習，有空檔時美容師還會互相切磋技術，真的感覺非常欣慰。

體認到太極養生的功效，在公司主管帶領下，所有同仁克服萬難認真投入學習太極拳，從中獲得極大的回饋，身心狀態均有長足改善。

作為大家長的我自然更是認真投入學習太極拳功法，嚴格遵行美玲老師下達的指令與要求，除了要成為美容師的標竿之外，更想讓我的美容師們知道，我會陪著她們一起面對艱難與困境！結果才不過幾個月時間太極內訓的效果就慢慢顯現出來了。

又經過幾個月緊鑼密鼓太極拳培訓後，美容師們也都有所收穫，不僅身體比以前更健康，身心靈都愉快，工作起來更是得心應手，這件事情從他們臉上展露的笑容可以看得出來，美容師精神狀況變得比以往更好，透過太極拳運動的調理，身體慢慢回復到良好狀態，這也使得他們更樂意投入太極拳訓練，這就是正向循環的能量所帶來的好氣場。美容師們的反饋讓我知道並且相信自己選擇的這條路是對的！

太極能量順氣SPA的誕生和基本原理

會將太極原理與美容美體課程結合，卻是我一開始始料未及的事。從原本只是單純的想要照顧店內美容師的健康，沒想到無心插柳卻創造了一個新的產品來服務客人，記得是在一次太極拳課堂上，美玲老師在指導美容師如何借自我的氣去順SPA客人緊鎖的氣時，我們開啟對太極拳更深的探討，從而研創出「太極能量順氣SPA」來服務客人。

這樣的靈感在我腦中應運而生，行動派的我立即與美少芩SPA養生館總監一起研討這件事情。如果依據太極拳原理美容師可以透過太極氣與意的交融提升自己的身體與精神力，那麼是否也可以透過這樣的方式給予來店的客人更好的身體與心靈放鬆的效果呢？

我將美少芩整個團隊再次帶到美玲姐的武場研習太極拳，每次學習的過程當中美玲姐會將動作剖析得更清楚，為我們說明太極拳與人體對應的原理，我聽著聽著越發覺得這兩個系統結合在一起可以造福更多人。在安排團課前置培訓時，我不僅自己私人單獨跟美玲姐上太極拳課程，員工主管的訓練和夥伴們全體團課我也從不缺席，全心投入去尋找將太極拳的脈絡與SPA結合的方法。

美玲姐教學非常用心，除了傳授太極拳架與人體五臟對應關係外還多次親自來美少芩店體驗SPA，親身體驗SPA客人在美容師引氣到他們身上時的感受，美玲姐一次次的分享與探討幫助我們提升對氣的認識。譬如有些客人比較喜愛重力按摩肌肉又很僵硬，美容師在出力的時候如果僅用自己身體的力道，在按摩的過程當中很可能就會引發肌腱炎，後來經過指導我們發現只要運用太極的原理用意念引氣將核心穩住重心下沉力道自然就會出來了。美容師學會借力使力用意念引氣順氣，現在可以比較自在輕鬆的服務客人，不會太過耗損自己的身體。這些指導和成果讓我們發現，太極與SPA結合真的可以迸出精彩的火花！

從一開始大概半年的團隊團課之後，我們針對主管又進行將近三個月加強訓練，然後團隊與主管內訓不斷重複交替，同時開始讓每一個美容師每天在店裡都要站樁練習腿功、鬆腰、核心穩固，這樣又花了幾個月才把全部的技術練熟，最後再由我們的教育廖總監一一審核通過才算過關。

太極很講求以意帶動腰桿去支配肢體，當身體能沉能穩後所有的動作才可以運轉自如，進可攻退可守否則人站不穩容易跌倒，動作也會是花拳繡腿不會有力道。現在我們的美

確認了太極養生功效之後，美少荅高層主管立刻研討結合太極開發美容美體新產品的可能性，在吳美玲理事長協助下，順利推出「太極能量順氣SPA」這項新服務，甫經推出即廣受好評。

容師在服務客人會採用氣往下沉的馬步式，以前他們不懂得太極拳原理時都是用肚子去頂住美容床來為客人服務，這樣子很容易傷到腰椎，自從懂得原理後，只要用對方法手輕輕一推力道就能夠使出。客人剛開始會覺得我們力道很輕，等到感受到身體瘀滯的氣被帶掉之後，就會發現身體變得很舒服。客人不了解氣的感受時都會不斷要求美容師手勁再加重一點，不然沒感覺，可是按重只是當下舒服，客人身體裡面的廢毒素並沒有被清除，身體無法輕鬆。

另外因為練太極拳講究呼吸吐納，這讓我們對氣更敏感，在工作的時候也很注重吐納與手技術的連結，在按壓時因為跟客人同頻，可以讓她感受到身體氣的運行。

在美容SPA業界每間公司都必須有自己的產品特色，我們的課程都與「經脈」和「氣」有相關。如何將太極拳這麼有氣感的正能量氣的運行導入每位美容師工作中？如何讓每位美容師都可以透過太極拳氣的引導，讓來店裡的客人也享受到氣的串流？感受到身體的變化以及好的能量？我們的教育廖總監美琇帶領公司教育部門同仁投注了非常多心力。

經過品牌核心教育團隊全心投入研發，我們成功結合太極拳手法以及經絡原穴檢測，運用太極拳「氣」、「意」交融的方法加上經絡穴位推拿、深層筋膜放鬆、精油SPA以及肌肉、穴位處理，來幫助客人可以更好入睡，同時可以放鬆緊繃的肌肉，藉由行氣活血來紓緩身體的疲勞，也同步促進血液循環，紓緩淋巴系統關節疼痛、肩周緊繃的情況，以達到緩解肌肉僵硬和疲憊。

有位客人第一次接觸這個新的按摩課程，就立刻給我們非常正向的反饋，當天先在右腿做了太極能量順氣之後，很明顯可以感受到兩隻腿的緊繃度不同，讓她驚嘆不已。在課程中美容師不但可以讓客人放鬆安心到入睡，事後仍然可以精神奕奕的陪客人閒話家常，這樣的明顯轉變美容師自己最有感，連帶在服務客人上也會讓客人感受到我們的服務更專業有品質。太極能量順氣SPA甫經推出，就讓客人非常的有感受！

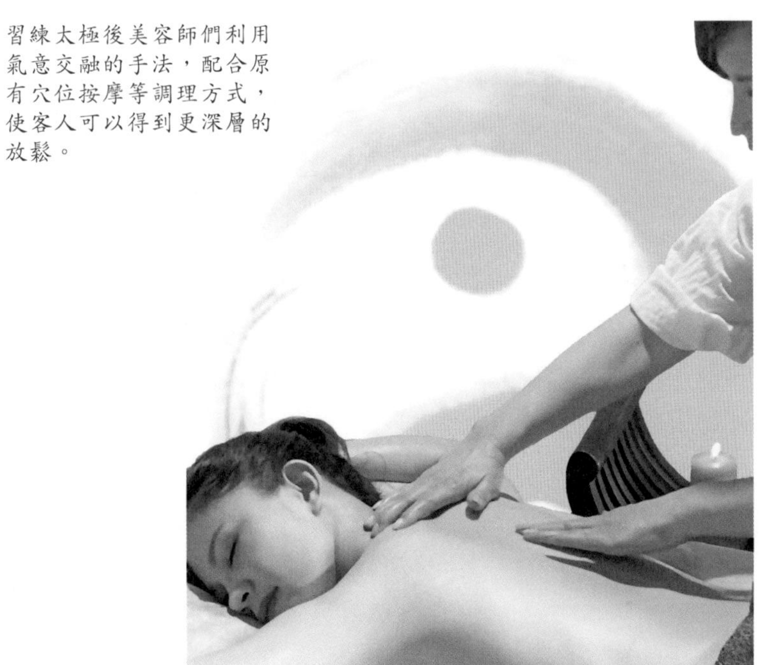

習練太極後美容師們利用氣意交融的手法，配合原有穴位按摩等調理方式，使客人可以得到更深層的放鬆。

今天我因為接觸了太極拳而為美少芩開創一個嶄新的服務品牌讓群眾受惠。非常感恩老天的安排讓我遇見美玲姐，緣起太極拳受用一生，我將以太極寬廣包容萬物之心帶領美少芩的夥伴一起為來店的客人做最完美的太極能量順氣SPA服務，讓每位客人體內氣血循環順暢，活得開心、健康，更讓美容師們享受工作的樂趣。

同儕心得

太極拳是一項老少咸宜的好運動

范亞玲
美少芩敦北店

剛聽到蘇總告知我們要上太極拳課程的時候，心中是非常興奮的，以前唸書時很流行金庸武俠劇，自己看了很多武俠電視電影，覺得有武藝在身是一件很厲害的事情，所以能夠有機會接觸太極，我真的覺得很開心。

而在寫這篇心得時，我想起當年有一部電影叫「倚天屠龍之魔教教主」，裡面有個橋段讓我印象很深刻，演繹的正是太極拳，我趕緊找了出來重溫，那幕劇情是這樣：張無忌被趙敏要求不能使用九陽神功和乾坤大挪移這兩門功夫，當下只好請張三手臨時另教他一套，於是張三手以絕世高人的姿態說：「太極拳，無極而至，動靜之機，陰陽之母，陰不離陽，陽不離陰，陰陽相清，階及神明，心靜身正，義氣運行，開合虛實，內外合一，運柔成剛，剛柔並用，太極陰陽，有柔有剛，剛柔並濟，動發自如。」接著又說：「只重其意，不重其招。」

那時就覺得太極拳好厲害，但其實完全不明瞭其內涵，但經過這幾次上課，藉由美玲老師的細細講解和實際練習，感受到身體微妙的變化與氣的流動，終於體會到其中奧妙，我對它的理解是這樣的：招式是剛，伸展是柔；進為剛，退為柔；快為剛，慢為柔。二者合在一起是如此和諧，真的讓人感到驚訝。在打招式的過程中人的心會慢慢地靜下來，隨著重心的移動，享受身體在舞動，內心卻是如此地自在，心靜身正，腦中無雜念，這樣的感覺好舒服。現在人行動太快卻不知如何靜下來，我覺得打太極是一個很好與自己相處的方式。

在我的工作中，我運用了太極的吐納、重心調整、核心用力，使我在服務客人時更有品質，也比較不易疲倦，使力上也較為容易，客人的舒適度也相對提升，療癒客人的同時也療癒自己。

雖然接觸太極拳的時間不長，但上了一段時間的課程後，讓自己的身體得到很大的放鬆，不禁讓我想起一位客人，她平常的運動就是太極拳，她若有打太極，肩頸就不會僵硬；若沒有打太極，她的肩頸就猶如石頭一般，很明顯的感覺到差異，所以無論是在自己身上還是客人身上，都驗證了太極拳是一項老少咸宜的好運動。

最後要非常感謝蘇總給了我們這個接觸太極的機會，讓我們能親身感受到武術的博大精深，不只能強身健體，還能運用在工作上，讓我們的服務品質提升，更可以幫助客人獲得深層的舒適感。還要感謝美玲老師用心良苦的教導，為我們編排了屬於美少芩的專屬課程，讓我們能深刻體會到太極拳的奧妙，更能以太極無重力的生活哲學引領來店裡的每位客戶，現在美少芩的美容師們無論在生活、工作、人際關係……等方面，都能感受蘊涵著太極的中庸平衡之道。這使我在獨處的時候感到自在，更能感受到自己身體的感覺，進而找回初心。

太極智慧分享

參 陰陽調和的美好生命平衡狀態

——花椒養生與六合太極的共同追求

圖片提供 / 李雪

李　雪

「私房醬料 / 李雪辣嬌」、
「李雪辣嬌」創辦人

與吳美玲老師的美好相逢

我是李雪，跟吳美玲老師的結緣是在一個全世界最尖端的亞洲國標舞巡迴賽臺北賽會上相遇。

當時我們倆都是大會邀請去的貴賓，很巧我們的位子排在同一桌。當時一個爽朗的聲音深深的吸引了我，猛一抬頭我瞧見一位充滿熱情和爽朗個性的女士，再經鄰座朋友的引薦我們互相認識。得知美玲老師是位武術的熱愛者，在臺北市推廣武術竟達數十年之久，當時的我心想，這位女性好有毅力喔！

我是個舞者，我也熱愛我的舞蹈，從小就被選入國家隊，也到世界各國去演出，但我因為結婚而慢慢疏離了舞蹈，美玲老師卻能從九歲開始習武而至今不輟，尤其是現在已入花甲之年還持續推動這個武術運動文化熱情絲毫不減，讓人感到非常欽佩！

以前對太極拳的了解非常少，只知道太極拳蘊涵著中國文化以及武術的技巧，甚至以為舞蹈與武術應該是在同樣的基礎下衍生的，並不知道其實太極拳是武術的更高境界，在慢慢地與美玲老師互動相處下，經由她的耐心與詳細解說，對於武術的了解更透徹時，才恍然大悟原來我的古典舞跟太極拳、武術竟然有如此的不相同。原來太極拳不只是一門武術，更是一門人生的處世哲學，因此我也成為吳老師的六合門太極拳學生。

在學習太極拳的這段時間，感受到身體變得更有朝氣，尤其是在演練太極拳的過程中，心中會有一種放鬆與安靜的思考，讓我很享受地沉浸在太極拳課中，也因為這個緣故讓我想起從小伴我長大的花椒。花椒是一種上天給予人類最棒的天然食材，太極講究陰陽相隨，而透過花椒可以暖身排濕，使陰陽調和；濕氣屬陰，人的體內免不了有濕氣，在佳餚中佐以花椒可將濕氣排出，同時吃出健康與美味。

今天有幸受吳老師之邀來跟大家分享花椒與辣椒這兩種美妙食材的奧妙，看它們如何能與「無極而太極」的寬闊生命智慧相對應，幫助我們從裡到外都能過著無重力的太極生活，在現今這樣渾沌紛亂的世界裡達到身、心、靈的平衡。

我的花椒緣起——從舞臺通往餐飲的非常驚奇之旅

我生長於靠近四川的陝西漢中，媽媽則是道地四川人。打從嫁來臺灣後，媽媽總在電話那一頭關切著：「吃得還習慣嗎？」從小獨立的我，從求學到遠嫁臺灣，早已習慣身在異鄉的感覺，但是在兩次懷孕嚴重害喜的情況下，想家的心和想念家鄉味道的心，讓我每天夢醒時都以淚洗面。

異鄉的食物再可口，總比不上家鄉的味道，尤其懷孕時嚴重害喜，思鄉心切，可是遙遠的距離讓我不能時常回家，更不希望讓父母擔心，於是我心念一轉：就在這第二故鄉如法炮製出媽媽的味道吧！開始用心尋找家鄉的味道。在種種機緣奇妙的安排下，我在臺灣找到了相似的食材。

產自臺灣花東山區的的青、紅辣椒及朝天椒，好山好水孕育出的爽脆勁道及奔放清香，連四川人都叫好；再從四川進口頂級的辛香料與花椒，加上家傳特調醬汁及獨到醃漬手藝，成就出獨一無二的細緻辣味。我終於就地取材，製作出了一種媽媽的味道。我自己拿來餐餐佐飯，沒想到引得原本不吃辣的老公和婆婆也愛上了這種味道，老公還鼓勵我以此創業，就以自己的名字為品牌名稱叫作「李雪辣嬌」，後來更成立餐廳「李雪辣嬌川味食府」。

「真正的辣椒要能吃出天然的香氣來，辣味不該是來折磨人的。」這是我的四川媽媽傳授給我的香料智慧。（如同學太極拳，跟對老師就是一種享受，而不是辛苦。）我16歲獲選為國家舞蹈演員，出國四處表演。有一次來到臺灣進行文化交流演出，認識了一位臺灣男孩，從此嫁做臺灣媳婦。放下舞者的光環，卻因為對家鄉味的懷念，從此展開另一段奇妙的香料人生。

當年開設網路商店，有一篇介紹文字我覺得特別能說明花椒養生的原理，這裡跟大家分享：

> **「真正的辣椒要能吃出天然的香氣來，**
> **辣味不該是來折磨人的。」**
>
> 只要一丁點就足以撼動味蕾的真功夫，辣椒由配角變主角，
> 只因真材實料足以感動人心。

健康吃辣，全感辣覺的美學新體驗

辣椒，是這麼吃的～輕放在舌尖，先吸吮汁液，再細細咀嚼，感受層次分明、豐饒多變的滋味，與深沉有韻的芳香滋味。然後從舌尖至全身，一點一點暖了起來……

「李雪辣嬌」所有食材原料都是老天爺給的。如果辣椒只有辣味、沒有香味，八成是加了化學調味料。辣椒富含營養，但很多人敬謝不敏。「大家不敢吃辣，其實是未曾吃到真正的好辣椒。」

辣，其實要以觸覺的方式來感知，它是對味蕾的全面刺激，加上舌頭、口腔、及咽喉的溫度感覺而形成，而香氣更是不可或缺。李雪深諳辣覺的箇中巧妙，以各式辛香料及風味醬汁細膩醃漬調配，演繹出一場融合全感體驗，色香味俱全的極致香料藝術。顆顆艷紅碧綠的切丁辣椒及線條獨具、色澤鮮麗的辛香料，在精製玻璃罐的包裝下，從常民食物提升成高級精品。一罐罐寄託了對家鄉美食的深情，更蘊藏著老祖宗的生活智慧。

花椒麻，辣椒辣，濕熱的四川盆地，人們眷戀麻辣的香氣，也依賴麻辣自然調節身體。「之前在老家，沒聽過有氣喘這毛病。」李雪定居臺灣之後，才發現有許多毛病是過去聞所未聞的。例如老公政翰從小即飽受鼻子過敏之苦，嘴裡從來嚐不出任何味道，跟著李雪吃辣後，漸漸領略辣覺的美妙及深奧，過敏竟然不藥而癒。其實，花椒是天然除濕劑，吃辣還可以快速解身體的熱，增加抵抗力，種種辛香料的好，李雪如數家珍，多希望氣候潮濕多變的臺灣，破除對辣椒的誤解及迷思，將之融入生活裡。

辣椒與花椒，一個辣一個麻，川菜的料理中缺一不可，也無法取代！辣椒的辣就像太極的陽，花椒的麻就像太極的陰，比例不可太過也不可太少，要經過多少次的嘗試才能達到完美適當的融合，是一種境界！

我相信，人一旦吃了美食，心就會打開，以前在餐廳裡，常有一位律師帶著外國客戶前來，他說：難纏的客戶一定要帶來這裡，入座時即使繃著臉，最後一定握手言歡，也許舌頭嚐了清新爽俐的麻辣滋味，胃裡暖和了，心就熱了。

從辣椒到辣嬌，藝術家的極致展演

李雪曾經這樣要求自己：每一次登臺都要是一場完美演出。現在，她也以同樣的堅持對待每一次出品。以綜合花椒粉為例，將頂級紅花椒及青花椒烘培後研磨成粉狀，經多次反覆過濾，10公斤的原料僅精選出不到0.5公斤的頂級花椒粉，剩下的9.5公斤全數淘汰，李雪要的，是一丁點就足以撼動味蕾的真功夫。正如同太極的以柔克剛，如此奧妙！

在料理中不論是雞、鴨、魚、肉、蔬菜等任何食材，都有著本身的味道，但我們只要加了不同的調味料，結果就會大不相同，例如加上泰式的香料就變成泰國菜，加上印度的香料就變成的印度料理，其實往往左右著料理本身的並不是食材，而是調味料！

辣椒、花椒由配角變主角，只因真材實料足以感動人心。一點一點，我在臺灣落地生根。2013年在顧問的建議下，我們品牌從「李雪辣椒」更名為「李雪辣嬌」。從辣椒到辣嬌，道盡了我的生命的轉變。也許是遺傳自媽媽的川娃子個性，曾經，俠女般的我也像一枚小辣椒，嗆辣直接。而今，老友都說，李雪變柔和了，如品牌Logo上飛舞的鳳凰，收斂起鋒芒畢露的個性，也像她親手做的辣椒，香麻而不嗆口，內斂有緻。

人生，可不只酸、甜、苦。為人妻、為人母，曼妙敦煌舞曲謝幕，屬於李雪的滋味舞曲才剛起步。先辣後嬌，甘脆下箸，分享人生甘美醍醐。

我常常和親人朋友們分享說：「味道跟音樂都有一種魔力，可以帶人回到某一個時空情境，不是言語可以形容的！」如今我的人生描述裡將再多添加一筆——我學習了太極拳！在演練太極的過程裡可以讓人沉浸在無憂的狀態下，領悟太極生活中「無極而太極」的生活哲理，未來我的料理中會更加充滿太極平衡圓融的智慧！我也會將最平凡的花椒變成餐桌上最重要的主角，讓花椒美食的樂章響起，喚醒你我的味蕾！

花椒美味養生食譜

花椒是川菜裡的一味，它通常都是跟辣椒在一起，單獨只吃花椒的川菜並不多。如同前面所說，花椒跟辣椒的結合如同太極的陰陽，因花椒較柔，沒有任何辣度，正像太極的陰，而辣椒比較嗆、比較直接，就像太極的陽，兩者在川菜料理中缺一不可，搭配比例不可太過也不可太少。

太極講陰陽，是從內裡開始調理，而在中藥來講花椒有藥性，可以先調理內濕，同時還有非常多的功效在裡面，就如同太極拳並非只是一套拳架功夫，其中還蘊含著深奧的人生哲理，需要演練者慢慢咀嚼才能領受箇中玄奧。

下面與讀者分享幾道美味又養生的花椒食譜，幫助大家除了享受美食之外，還可以從體內開始除濕，如果再能搭配上每日勤練太極拳，各位肯定可以健康生活、快樂享福！

一、麻婆豆腐

材料

中華嫩豆腐……………… 一盒

油 ……………………………5 小匙

辣豆瓣醬…………………1 大匙

花椒粉 ……………………1 小匙

肉末、蒜末、蔥花………適量

做法

❶ 切好豆腐備用。

❷ 鍋內放入油，小火加熱。

❸ 加入少許豬肉末炒香。

❹ 加入蒜末、辣豆瓣醬炒香。

❺ 加入切好的豆腐拌炒。

❻ 起鍋後撒上花椒粉及少許蔥花即可。

二、椒麻皮蛋

材料

皮蛋……4 顆
醬油……1 匙
陳醋……1 匙
油潑辣子……2 匙
蔥花、花椒粉……適量

做法

❶ 盤中放入切好的皮蛋。
❷ 把醬油、陳醋、油潑辣子和少許花椒粉放入攪拌均勻，淋在切好的皮蛋上。
❸ 最後撒上適量的蔥花即可。

三、宮保高麗菜

材料

高麗菜……………………200 克
乾辣椒……………………10 克
紅花椒和青花椒…………共 2 克
鹽…………………………少許
醬油………………………1 匙
陳醋………………………2 匙
油…………………………2 小匙

做法

❶ 切好高麗菜備用。
❷ 鍋內放入油，小火加熱。
❸ 放入乾辣椒、青花椒和紅花椒爆香。
❹ 再放入切好的高麗菜。
❺ 加入醬油、陳醋、少許鹽巴拌炒後即可。

四、川耳回鍋肉

材料

五花肉……………………200 克
沙拉油……………………50 克
甜麵醬……………………100 克
米酒………………………50 克
糖…………………………50 克
香油、花椒粉……………適量
青辣椒、紅辣椒…………適量
蔥段、蒜片、豆乾………適量
木耳、洋蔥、辣豆瓣醬…適量

做法

1. 開小火，五花肉切片，煸炒出油。
2. 再放入切好的青椒、紅辣椒、蔥段、蒜片、豆乾、木耳、洋蔥。
3. 接著放入甜麵醬、辣豆瓣醬，炒香後加入一小碗水。
4. 湯汁收乾後，放入少許香油和花椒粉即可起鍋。

五、蕃茄炒蛋

材料

蕃茄……1 顆

雞蛋……2 個

蔥、紅花椒……1 小匙

青花椒、鹽巴……1 小匙

醬油……適量

做法

❶ 蕃茄切好備用。

❷ 雞蛋打散加入鹽巴備用。

❸ 熱鍋放油，加入紅花椒、青花椒，爆香後把花椒粒撈出。

❹ 在花椒油裡加入雞蛋炒到出現淡淡的焦黃色，再加入切好的蕃茄和一小碗水，小火悶煮一下。

❺ 最後加入少許醬油，撒上蔥花即可。

六、酸辣土豆絲

材料

土豆（馬鈴薯）..............1 個
乾辣椒..........................20 克
紅花椒............................2 克
陳醋...............................2 匙
醬油...............................1 匙
青花椒、蔥、蒜............適量

做法

❶ 馬鈴薯切絲泡水備用。

❷ 熱鍋放油，加入紅花椒、乾辣椒和少許青花椒、蒜片，小火爆香。

❸ 再把泡好的馬鈴薯絲瀝乾，放入鍋中翻炒一下，再加入醬油、陳醋拌炒。

❹ 最後加入蔥花即可起鍋。

七、椒汁豆腐

材料

雞蛋豆腐........................1 盒
油 ....2 匙
蒜末 ....2 克
青花椒..........................2 克
紅花椒..........................2 克
白醋、鹽巴、糖.......各 1 小匙
藤椒、醬油、蔥............適量

做法

❶ 雞蛋豆腐切成塊狀，炸至兩面上色後撈起盛入砂鍋鋪底備用。

❷ 鍋內放入油，爆香蒜末、青花椒、紅花椒，接著再加入一小碗水、醬油、白醋、鹽、糖，煮滾後起鍋淋在砂鍋中。

❸ 撒上蔥花、放上一串藤椒、淋上一大匙熱油即可完成。

八、麻辣雞

材料

雞胸肉…………………………一塊
黃瓜……………………………一條
油潑辣子………………………2 大匙
醬油、陳醋……………各 1 匙
白芝麻粒……………………1 匙
花椒粉…………………………1 匙
沙拉油…………………………3 匙

做法

❶ 把煮好的雞肉和黃瓜切塊放入盤中備用。

❷ 把油潑辣子、醬油、陳醋、白芝麻粒、花椒粉攪拌均勻淋在雞肉上。

❸ 將沙拉油加熱後淋在雞肉上，攪拌均勻即可。

九、酸菜魚

材料

魚片 .... 200 克
（建議用少刺的魚，如鯛魚）
米酒 .... 2 匙
鹽 .... 3 匙
太白粉 .... 2 匙
青花椒和紅花椒 .... 共 2 克
乾辣椒 .... 10 克
沙拉油 .... 2 匙
藤椒、胡椒粉 .... 適量
酸菜、蔥、薑片、蒜頭 ... 適量

做法

❶ 魚片加入鹽、米酒、太白粉和蛋白拌勻備用。
❷ 鍋內放入沙拉油，再加入薑片、蒜片、乾辣椒、青花椒、紅花椒、酸菜炒香後，加水煮滾。
❸ 將醃好的魚片放入煮滾的湯中，等魚煮熟即起鍋裝入碗中，最後撒上蔥花、放上一串藤椒即可。

十、塔香茄子

材料

茄子……………………250克
辣豆瓣醬……………………1匙
醬油……………………2匙
冰糖……………………1匙
花椒油……………………1匙
沙拉油……………………4匙
九層塔、蒜、薑、白醋…適量

做法

1. 準備一鍋水，水滾後加入白醋，放入切好的茄子，煮30秒後撈起備用。
2. 鍋內放入沙拉油，加入少許蒜末、薑末及辣豆瓣醬，爆香後加入茄子、冰糖、醬油和少許的水燜煮一下。
3. 最後加入九層塔、花椒油拌炒一下即可盛盤。

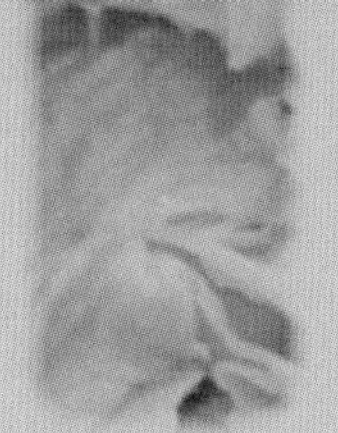

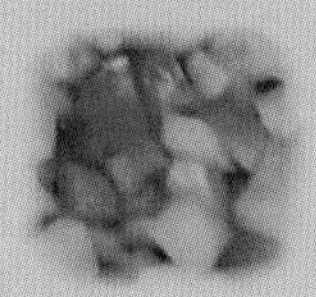

太極智慧分享

肆 體現太極智慧的飲食方式
——太極五行蔬果養生餐

圖片提供 / 牧牧沙拉

蔡清淵
「牧牧沙拉 MoooSalad」創辦人

在整個人生不斷摸索嘗試的過程中，我始終覺得自己可以為這個世界做一些事情，也因為這樣的自我期許，我的人生走向便與一般年輕人有些不同。高中時曾經接觸過《達摩易筋經》，後來開始調養身體，也曾短暫學過中醫，還練過一段時間太極拳。大學食品營養系畢業後，在找尋人生方向的那些年裡我做過很多事情，南亞大海嘯後斯里蘭卡仍在打內戰的時候，隨醫療隊去當地做災後重建工作，為雜誌撰寫專欄、擔任觀光協會營養主持人和廚藝大賽評審、開講感官美學課程……，乃至後來開餐廳，許多事情但隨本心，都不在預先的人生規畫裡。

在一個商會組織中結識本書作者——中華武術研究發展協會理事長吳美玲女士後，因為理念相近，幾位不同領域的商會成員常互相交換事業和人生經驗心得，我對太極有了更深入的認識和體會，理事長對我順應自然的飲食理念也極為認同。後來在當時擔任商會主席的她召集之下，幾個人還曾跨界合作籌辦體驗課程，嘗試把太極這樣的生活態度和理念更具體呈現在大眾面前。太極不僅止是用來強身健體的武術，更是珍貴的與天地合一的人生智慧，能運用的層面非常廣，值得深入探索和推廣，但一場活動能觸及的人數畢竟有限，如今美玲老師規劃出版書籍，這是將大眾健康視為人生重責的她又一次無私奉獻，希望能透過書籍發行影響扭轉更多人的人生。

人生當中很多事情因為有許多人都在做而看起來顯得正常，但這並不代表人人都該這麼去做。就像美玲理事長為了幫助周遭人找回生命初始的狀態，義無反顧投入推廣武術幾十年，這就不是現代社會上大多數人會認為「正常」的事，但她造福了許多人。而我一開始之所以想創業，也並不是為了要經營一家餐廳，起初只是為了一個很單純的念頭——我要串連美好的人事物。

如今在性格豪邁頗有俠女風範的理事長召集之下，有不同專業背景的幾個人再次聚集，很開心在開創個人事業的同時，能有機會奉獻所長，與大家攜手為找回現代人身心靈健康而努力。

沙拉是一種生活品質

沙拉，是最能體現太極精神的食物——使用單純的食材原料，呈現季節的豐富感——組成一盤沙拉的元素，必須要包含當季當地所產的蔬菜水果，因為在那個時節由天地所生的食材，就是營養價值最豐富也最能滋補身體的能量來源。同時也不必刻意強調有機或無毒，在現實的狀況下，當季當地的食材最容易栽種，換句話說，也是最具營養，且最不需要農藥、化肥的農產品。

就如同作者在本書前言中所說，人的生命應該跟宇宙天地合一，《老子道德經》說：「有物混成，先天地生，寂兮、寥兮、獨立而不改，周行而不殆，可以為天下母。吾不知其名，字之曰道。強為之名曰大，大曰逝，逝曰遠，遠曰反。故道大、天大、地大、人亦大，域中有四大，而人居其一焉。人法地，地法天，天法道，道法自然。」

古人觀察天地萬物，創造出「太極」這個概念。太極是一種生活哲學，也是一種生活美學：它象徵了一種平衡、均衡的概念，是一種在平靜之中也同時充滿著旺盛生命力的概念。世間的萬事萬物，都由此而生；如果把這觀念套用在飲食的領域上，我認為最能傳神體現這精神的，莫過於沙拉。這也是從個人人生探索中得來的切實領受。

當初我會創立「牧牧沙拉MoooSalad」沙拉專賣店，主要是因為自己對於飲食相當挑剔，我想要找到比較簡單烹調、使用當季與在地食材，同時能擁有豐富內容與營養的食物，卻總是找不太到能滿足自己的店家，如果為了達成這樣的目的而去吃自助餐的話，食材又調味太重，而且來源不見得讓人安心。能夠達到所有要求的選擇大概就只有高價位的日本料理或法國餐廳，但是長期下來花費又太過驚人。

既然自己大學唸的是食品營養系，那何不乾脆自己動手製作符合自己要求，又可以兼顧營養與美味的料理？於是決定親自開店，努力達到自己的要求標準，希望能在一餐中吃到多種類的食材、品嚐到食物最原本的滋味，同時餐點還要多變化，「牧牧沙拉」由此成立。也因此在我們餐廳裡要求沙拉的菜色與配料每一天都要不同，而且每一盤都使用超過十種蔬果。

「牧牧沙拉」和不少農場合作，只挑選當季、當地的食材，同時每一盤沙拉裡都要包含碳水化合物、蛋白質、蔬菜、水果、油脂等各種元素。後來因為與主婦聯盟環境保護基金會理念相近，我們還響應他們推動惜食餐廳的號召，店內絕大多數餐點都是使用在地小農農作與格外品來製作。餐廳主廚會運用創意開發新素材，貫徹使用「格外品」以及「全食」的概念，譬如用格外品製作成美味的醜蔬菜湯、或使用南瓜子磨成粉當作調味料，若有剩餘新鮮食材，除供作員工餐外也會分送給客人，把每一種蔬果都盡可能做到從頭到尾完全運用。

在追求實踐個人理念的同時，從經營餐廳的過程中我切實體認到沙拉不該只是沙拉，它不只可以滿足人的口腹之慾，還反映了一個人的生活態度和生活品質。透過飲食除了可以提供不同節氣養生所需的營養元素，以及個人健康管理上的幫助之外，生活品質也應當得到提升。在這裡也要鼓勵本書所有讀者「讓味蕾歸零」，調整自己重口味的飲食習慣，建立營養、環保的飲食觀念，讓麻木的舌頭能重新感受季節食材的美妙滋味，我們也可以從這裡展開回歸生命本源的神奇旅程！

順應自然的太極飲食養生智慧

圖片來源/ shutterstock

改變飲食習性和觀念的過程也是個生命翻轉的歷程，看起來簡單，但真要加以落實的時候，你會發現困難重重。這已不僅僅是自己「下一餐要吃什麼」這麼簡單的課題，你可能要先面對的是自己早已麻木的味覺，經過多年摧殘後你品味不出自然的滋味，以致沒有重度加工調味的食物引不起你的食慾；你也可能不願意為飲食花費太多時間心力，在長時間外食養成的生活慣性驅使下，同樣的時間你寧可拿來打電動或進行其他娛樂。

一旦你願意為改變自己的人生投注心力，未來所得到的報償將遠遠超乎你的想像。習練太極拳是個找回生命本然面目的方法，而調整飲食則是與之相輔相成的手段；好的飲食方式不僅可以產生食療的效果，使人恢復健康，更可以調整一個人的生活態度，從源頭處切斷帶來疾病的不利因素。

因應每個人所面對的身心靈困境不同，必須著重的飲食需求也有所不同，若有機會個人很樂意為大家服務，但畢竟能照顧到的人有限，因此這裡依據自己過往各種嘗試驗證累積的心得，整理出選擇食材的幾項原則、各種食材的養生功效以及各季節當季的蔬果種類，參照青、赤、黃、白、黑五色分別對應五臟——肝、心、脾、肺、腎的五行飲食基本準則，各位讀者就可以開始為自己量身製造最符合自己需要的五行蔬果餐了。

一、五色食材的營養素和功效

因為現代社會大眾時常有「吃沙拉就能瘦身」的迷思，許多人以為沙拉就是很多水果加上蔬菜和醬料，其實不然，沙拉醬料的熱量很高，照樣能讓人發胖。也有許多人因長時間用不正確的方式吃沙拉而導致營養缺乏，這樣的觀念都要修正。

人之所以吃得很少還是容易發胖，是由於當身體處於營養匱乏的狀態下時，身體會發生警訊，驅使身體開始囤積脂肪。現在上班族漸漸開始注重吃得健康營養這件事，這是一個很好的趨勢，為了達到營養均衡的效果，外食族學著自製便當是一個很棒的方式，下面提供一些選用食材的基礎知識，提供作為各位DIY均衡膳食的參考。

天然蔬果裡含有豐富的植物生化素，簡稱植化素，它讓每種植物都有自己特殊顏色，而每一種顏色以營養學的觀點來看，也代表了不同的營養素，各有不同的養生功能：

1、紅色蔬果

紅色蔬果含有茄紅素、花青素、β胡蘿蔔素等具抗氧化功能的植化素，可以抗發炎、降血脂，預防心血管疾病，也對視力保健有幫助。茄紅素是天然的類胡蘿蔔素色素，會讓蔬果呈現紅色，可以阻止低密度膽固醇（LDL）氧化、降低心血管疾病發生、抑制癌細胞、保護淋巴細胞不受自由基的損害並增強免疫力。這些都是其中一種抗氧化劑，有助於中和自由基，尤其胡蘿蔔素也稱為原維生素A，對於維持健康視力有重大幫助。含有類胡蘿蔔素等化合物。常見的類胡蘿蔔素包括葉黃素、玉米黃素和茄紅素。

2、橙黃色蔬果

黃色食物與土地的顏色接近，所以屬土。按照《內經》養生理念，飲食應該五味均衡，但黃色、甘味的食物可以作為主食多吃一些。橙色或黃色的蔬果含有豐富的維生素C及β胡蘿蔔素，有助於提高細胞的免疫力，促進感冒康復，而β胡蘿蔔素還能轉化為對眼睛和皮膚有益的維生素A，可以保護視力、改善膚質；還有葉酸、鉀、鋅等其他重要礦物質。

3、綠色蔬果

五行中綠色屬木。含有豐富的葉酸，而綠色蔬菜中我們能夠攝取到維生素A、維生素K、鉀、鈣等重要營養素。若要補鈣，比起喝牛奶多吃綠色蔬菜會更有效。它們還含有比較多的維生素C、類胡蘿蔔素、鐵和硒等微量元素。

4、藍紫色及黑色蔬果

類胡蘿蔔素、維生素A、維生素C、葉酸、綠橼酸、兒茶素、類黃酮、酸素；藍、紫色的蔬果富含花青素（Anthocyan），花青素是其中一種最強的抗氧化劑，有助於防範視力減退、眼睛疲勞等，還可以幫助細胞免受抗氧化傷害，還可以幫助預防心血管疾病，維護血管健康。

5、白色蔬果

維生素C、薑黃素、蒜素、檸檬素、萜烯類、皂角甘、木質素、類黃酮、槲黃素、多醣體，富含硫化合物，具抗氧化功能，清除自由基。有益心臟功能、降低膽固醇。有植化素吲哚和異硫酸氰酸，這兩種被認為具有強大的抑癌作用，能減低罹癌風險。

二、挑選食材的原則

就正確的資訊與完整的觀點來看，其實各色蔬果所含的營養素都是多元的，並不只侷限於上面所列舉的例子。挑選食材還有甚麼原則呢？這裡有幾點建議：

1、以當地當季為優先

它們對應於自然，是最利於生長的狀態。相對地也最營養、最少病蟲害、也最少化肥及農藥。

2、多元攝取

代表著視覺效果更為繽紛、更能引起食欲、營養素也更為完整。建議每日攝取的食物種類在20種以上。

3、不要挑食

不要不吃某些食物，也不要只吃某些食物；廣泛攝取，呈現飲食多樣性在餐盤之中。

4、原味主義

避免過度烹飪，重新讓味蕾接觸食材的原味、重新甦活感官的敏銳，回歸自然，品嘗食材的單純美好。

「順天地而食」是最棒的飲食養生方式，只要秉持著上面介紹的幾大原則，這就是「太極飲食法」。

三、臺灣四季蔬果參照表

臺灣的物產豐富，下面提供各位讀者臺灣四季所產蔬果品類，只要依照飲食當季和多樣性的原則，再配合考量風土條件這方面的關鍵因素，讀者們就可以盡情享受大自然的美好了！

種類名稱	春季（3、4、5月）	夏季（6、7、8月）
花果菜類	花椰菜、青花菜、西瓜、甜瓜、胡瓜、苦瓜、絲瓜、扁蒲、茄子、長豇（菜）豆、豌豆、毛豆、甜椒、辣椒、蕃茄、梨瓜、越瓜、菜豆、南瓜、金針	西瓜、甜瓜、苦瓜、絲瓜、扁蒲、茄子、長豇（菜）豆、毛豆、甜椒、辣椒、蕃茄、金針、梨瓜、越瓜、花椰菜
葉菜類	甘藍、結球白菜、結球萵苣、菠菜、葉用甘藷、小白菜、蕹菜、青江白菜、小芥菜、山蘇、葉萵苣、龍鬚菜、過溝菜蕨、芥藍、茼蒿、芹菜、油菜、莧菜、甘藍	甘藍、葉用甘藷、小白菜、蕹菜、青江白菜、油菜、小芥菜、山蘇、葉萵苣、龍鬚菜、過溝菜蕨、芥藍、莧菜、芹菜
根莖菜類	大蒜、青蔥、洋蔥、蘿蔔、胡蘿蔔、馬鈴薯、韭菜、茭白筍、牛蒡、甘藷、桂竹筍、蘆筍、芋、、綠竹筍、箭竹筍	青蔥、洋蔥、蘿蔔、胡蘿蔔、茭白筍、綠竹筍、馬鈴薯、箭竹筍、麻竹筍、蘆筍、蓮藕、韭菜、芋、甘藷
菇類	香菇、金針菇、杏鮑菇	香菇、金針菇、杏鮑菇
水果類	蕃石榴、香蕉、桶柑、鳳梨、桃子、李子、釋迦、蓮霧、葡萄、木瓜、梨子	蕃石榴、香蕉、鳳梨、桃子、李子、葡萄、木瓜、梨子、芒果、荔枝、紅龍果、釋迦、文旦柚

種類名稱	秋季（9、10、11月）	冬季（12、1、2月）
花果菜類	花椰菜、西瓜、甜瓜、胡瓜、苦瓜、絲瓜、扁蒲、茄子、長豇（菜）豆、毛豆、豌豆、甜椒、辣椒、蕃茄、金針、梨瓜、越瓜、南瓜、青花菜	花椰菜、青花菜、甜瓜、胡瓜、扁蒲、豌豆、甜椒、辣椒、蕃茄、梨瓜、菜豆、南瓜、毛豆
葉菜類	甘藍、結球白菜、葉用甘藷、小白菜、蕹菜、青江白菜、油菜、小芥菜、山蘇、葉萵苣、龍鬚菜、過溝菜蕨、芥藍、莧菜、茼蒿、芹菜、結球萵苣、菠菜	甘藍、結球白菜、結球萵苣、菠菜、小白菜、蕹菜、青江白菜、油菜、芥菜、小芥菜、山蘇、葉萵苣、龍鬚菜、過溝菜蕨、芥藍、茼蒿、芹菜
根莖菜類	青蔥、洋蔥、蘿蔔、胡蘿蔔、茭白筍、綠竹筍、箭竹筍、麻竹筍、蓮藕、韭菜、菱角、芋、甘藷、蘆筍、球莖甘藍	青蔥、蘿蔔、胡蘿蔔、韭菜、芋、球莖甘藍、甘藷、洋蔥、馬鈴薯、大蒜
菇類	香菇、金針菇、杏鮑菇	香菇、金針菇、杏鮑菇
水果類	蕃石榴、香蕉、鳳梨、葡萄、木瓜、梨子、紅龍果、釋迦、文旦柚、柿子、柳橙、椪柑	蕃石榴、香蕉、葡萄、木瓜、梨子、釋迦、柿子、柳橙、椪柑、蓮霧、棗、桶柑

五行沙拉

四季蔬果養生餐參考範例

沙拉可以是一種很瀟灑的料理方式，只要掌握關鍵重點——使用在地、當季的生鮮食材，不過度烹調，大家可以完全按照自己的需求、個性以及口味喜好來作調整，不必使用食譜來拘限自己的食材比例和處理模式。下面依照臺灣四季蔬果產出，規劃出四道五行沙拉養生餐，當中的份量只是提供參考，各位可以依照同樣的思考模式和原則也來動手試試看，製作一份最符合自己喜好和需要的五行沙拉養生餐。

一、春季爽口蔬果養生餐

春季是草木萌芽，萬物復甦的季節，以五行來說也是肝經最為活躍的時候，這時飲食最好能帶給人一個正向樂觀的情緒和觀感，因此飲食當以清淡為主，其中尤其要特別注意綠色食材的攝取。

食材

基於上面所說的原則來製作這道春季應時沙拉，我們可以準備菠菜、青江菜、芹菜各25g；花椰菜40g；蕃茄、彩椒、青椒各30g；豆芽菜（黑、黃、綠皆可）30g；紅心芭樂、棗子各25g；桶柑30g。

處理方式

1、將菠菜、青江菜、芹菜切段，川燙到顏色開始變深時撈起過冰備用。
2、花椰菜切開呈小花束狀，川燙後撈起過冰備用。
3、蕃茄、彩椒、青椒切丁，加點苦茶油乾炒至微焦香。
4、豆芽菜燙熟後瀝乾。
5、紅心芭樂、棗子去籽切丁。
6、桶柑剝成片後切成三、四等份。
7、再將所有食材裝盤拌勻，加入蜜煉香椿醬攪拌。如果接能受香菜的味道，最後還可以切一些香菜碎末撒上。
8、蜜煉香椿醬製作方式：香椿川燙後切碎，加入切碎的嫩薑和苦茶油一起拌炒，最後依個人喜好倒入適量竹鹽與蜂蜜拌勻。

二、夏季開胃蔬果養生餐

夏季天氣炎熱，大家常因此食欲不振，這時就要增加瓜類的攝取，多類少量，以清涼、易消化的食物為主，設計清爽又開胃的沙拉，並且要多添加紅色食材，以保養心經。

食材

晚香玉筍（夜來香的花苞）3-4根；蓮藕40g；小黃瓜30g；西瓜30g（黃紅皆可）；芒果、蓮霧、酪梨、山苦鳳梨、火龍果各30g；山苦瓜20g。

處理方式

1、晚香玉筍川燙到顏色開始變深時撈起過冰備用。

2、蓮藕煮熟後切薄片（如果喜歡清脆的口感，可以不要煮太軟），冰鎮備用。
3、小黃瓜切薄片備用。
4、西瓜切丁（西瓜白部份可刨絲，上菜前撒上）。
5、芒果、蓮霧、酪梨、山苦鳳梨、火龍果切丁。（火龍果除去外皮就行，中間桃紅色部分可以食用。）
6、山苦瓜切薄片過冰備用。
7、淋上醬汁，再撒上一點海鹽以及檸檬皮（刨成細末）。最後還可以再加上一些可食用花朵作為裝飾。
8、醬汁製作方式：將古早味冬瓜糖塊煮開到收汁，拌入鮮榨檸檬汁和橄欖油。

三、秋季滋養蔬果養生餐

秋天是收割的季節，按照《黃帝內經・素問》的說法：「秋涼冬寒，陽氣漸衰。」此時也是「陽消陰長」的過渡時期，因此養生應著重於一個「和」字，飲食以滋養肺部為主，食材宜多用選黃色入菜。這個季節準備個滋養豐富的「溫沙拉」最為適合。

食材

龍鬚菜30g；南瓜（帶皮）40g；剝殼栗子40g；地瓜（帶皮）40g；金針花（新鮮的，未經燻製）20g；金針菇30g；釋迦、柿子、梨子各30g；文旦、紅柚各25g。

處理方式

1、龍鬚菜切段，加入切塊的南瓜、栗子、地瓜、金針花、金針菇，拌點芝麻油，一同置入烤箱，烤熟後取出。

2、接著拌入切丁的釋迦、柿子、梨子。

3、將文旦與紅柚剝皮後，依果瓣紋理分成小塊撒上。

4、直接淋上新鮮百香果汁，最後再撒上適量岩鹽、芝麻油和一點點白胡椒、芝麻。

四、冬季禦寒蔬果養生餐

冬季陰長陽消已達到一個頂點，這時最須注意保護腎經，因此食物的選擇以性溫為主，可大量使用黑色的食材。

食材

黑豆40g；黑木耳、雨來菇各30g；茄子40g；洋蔥50g；芋頭50g；萵苣（各品種皆可）40g；橘子、柳丁各20g；葵瓜子、陳年酒醋、花生油適量。

處理方式

1、黑豆40g煮熟備用。

2、將黑木耳、雨來菇燙熟切塊備用。

3、茄子切片，過油後煮熟備用。

4、洋蔥切瓣後炒到出甜味。

5、芋頭蒸熟後切塊。

6、以上食材加入切段萵苣，倒入花生油小火拌炒至溫熱。

7、之後加入橘子、柳丁（剝瓣後再切成4塊），倒入陳年酒醋攪拌，最後撒上葵瓜子。

國家圖書館出版品預行編目（CIP）資料

無重力養生 太極鬆柔新生活：從生理、心理到心靈的徹底活化 / 吳美玲編著 . -- 初版 . -- 臺北市：張老師文化事業股份有限公司 , 2022.08
面； 公分 . -- (心靈拓展系列 ; D222)
ISBN 978-957-693-970-9 (平裝)

1.CST: 太極拳

528.972 111009995

心靈拓展系列 D222

無重力養生 太極鬆柔新生活：

從生理、心理到心靈的徹底活化

作　　者／吳美玲
總 編 輯／萬　儀
企劃編輯／蔡含文、陳佩吟
特約編輯／唐岱蘭
封面設計／陳姿妤
封面插圖／林志億
行銷企劃／呂昕慈

張老師文化雲平台

app 下載（通用）

發 行 人／葛永光
總 經 理／涂喜敏
出 版 者／張老師文化事業股份有限公司 Living Psychology Publishers Co.
10647 台北市大安區羅斯福路三段 325 號地下一樓
電話：(02)2369-7959　傳真：(02)2363-7110
讀者服務 E-mail：sales@lppc.com.tw
網址：https://www.lppc.com.tw（張老師文化雲平台）

登 記 證／局版北市業字第 1514 號
I S B N／978-957-693-970-9
定　　價／360 元
初版 1 刷／2022 年 8 月

法律顧問／林廷隆律師
排　　版／余德忠
印　　製／大亞彩色印刷製版股份有限公司

六合太極

凡持有本券可至武蘊空間體驗六合太極的博大精深

60分鐘

原價1500 / 體驗價1000

本券不能折換現金，限單次使用

2022年12.31止

上課時間：預約滿10開課

上課地點：武蘊空間台北市和平東路三段11號b1

電話：02-2706-2300

太極

90分鐘/原價4500元

能量順氣 *Spa*　禮賓體驗價 | $1980

美少苓經典放鬆課程，嚴選芳香明精油結合東方太極及經絡按摩手技，放鬆筋膜，讓身心靈全面放鬆舒緩，回歸自然平衡的狀態。

使用須知：

1)憑券可預約「太極能量順氣SPA護理課程」一堂。

2)本券不得兌換現金或其他禮券，遺失恕不補發。

3)本券有效期限：2024 / 12 / 31

4)新朋友初次體驗一人限一次

【敦北店】

Tel:02-2713-7788

105台北市敦化北路155巷8號1樓

【旗艦店】

Tel:02-2781-6299

106台北市忠孝東路四段210-1號8樓

以意領氣，以氣運身、氣到力到，達到以意導體、
以體導氣和以心行氣、以氣運身交融的境界。
太極 能量順氣Spa護理
美少苓
MEI BEAUTY SPACE
【敦北店】
Tel:02-2713-7788
105台北市敦化北路155巷8號1樓
【旗艦店】
Tel:02-2781-6299
106台北市忠孝東路四段210-1號8樓